Birgit Spielhagen

Alles ist Eins (Der Rhythmus der Erde)

Botschaften der Naturreiche in der neuen Energie

www.tredition.de

© 2020 Birgit Spielhagen

Verlag und Druck: tredition GmbH, Halenreie 40-44, 22359 Hamburg

ISBN
Paperback: 978-3-347-01453-4
Hardcover: 978-3-347-01454-1
e-Book: 978-3-347-01455-8

Über das Medium

Die Autorin/Das Medium befindet sich seit dem Jahr 2006 in Kontakt mit der Geistigen Welt.
Ihre Hellhörigkeit und Hellfühligkeit haben sich in den letzten Jahren ständig weiterentwickelt.

Als Medium ist es ihr möglich zu jedmöglicher Energieform Kontakt aufzunehmen.
Zu Beginn des Jahres 2019 vermittelten die Naturreiche ihr auf medialem Wege Botschaften, die die Menschen im jetzigen Zeiten- und Klimawandel unterstützen und begleiten können.

Es ist ihr ein großes Anliegen, diese Botschaften weiter zu geben, um damit auf liebevolle Art und Weise, Verständnis für die spirituelle globale Neustrukturierung der Erde zu schaffen.

Sie lebt mit ihrem Mann und drei Katzen in Berlin.

„Der Transformationsprozess ist unsere größte Herausforderung und Chance zur Selbsterkenntnis"

Einleitung durch die Naturreiche

Es gab eine Zeit, da fragtet ihr nicht, wie wir sind, was unserem Wesen entspricht:

Ihr erzähltet Geschichten von fröhlichen Wesen, die ihr Feen, Kobolde, Zwerge, Gnome, Elfen und vieles mehr nanntet. All dieses sind Worte, sind Namen und Bezeichnungen, die ihr uns gabt, um die Welt zu verstehen, indem ihr sie einteiltet.

Ihr hattet vergessen, dass wir – wie ihr – unsterblich sind, indem ihr euren Körper mit eurer Seele gleichsetztet.

In der festen Überzeugung, beides macht euch aus, gehört zusammen.

Ihr nanntet euch Menschen und so wie ihr euch eine Bezeichnung eurer Gattung gabt, habt ihr auch für uns eine Bezeichnung gefunden. Ihr brauchtet die Unterscheidung, um euch spüren zu können, um euch eure Welt zu gestalten. Ihr wolltet euch in der Unterscheidung erleben, um daraus lernen zu können, um zu erkennen wer ihr wirklich seid – Unsterbliche Wesen -.

Aber wie kann Unsterblichkeit erkannt werden, wie gelebt, wenn es zum Vergleich nicht die Sterblichkeit gibt?
So ist die Auseinandersetzung mit eurer eigenen Sterblichkeit, mit dem Tod, dem Verlust des eigenen Lebens, von geliebten Menschen und anderen Wesen, zur größten Herausforderung und Aufgabe in dieser Zeit für euch geworden.

Doch nun verlangt eben diese Zeit ein Innehalten, eine neue Überzeugung, die Ausbildung neuer Werte von euch.

Das Erkennen der Unendlichkeit eures vormals so als endlich eingeschätzten Lebens wird euch die Sterblichkeit eurer Körper in einem neuen Licht erscheinen lassen.
Es wird außer dem Abschied von der Materie, ja auch von eurem Körper, keinen fühlbaren Abschied mehr geben, wenn ihr ihn nicht zulasst.

Und dieses „Zulassen" spielt sich in eurem Geist ab. Verlasst euch fürs Erste auf euer Gefühl, auf die euch vertrauten Ebenen. Fühlt bewusst in bestimmte Situationen hinein und hinterfragt dann eure Gefühle mit der Weisheit des Verstandes. Jedes Gefühl hat seine Berechtigung im Hier und Jetzt. Seine eigene Weisheit, die erkannt, gelebt und geliebt werden will.

Indem ihr euch auf euer Gefühl verlasst, lernt ihr mehr und mehr euch selbst zu vertrauen, euch in der Einheit zu erkennen. Werdet Eins mit euren Gefühlen, ohne zu bewerten, lernt zu erkennen und in Angemessenheit der Umstände (innen wie außen) umzusetzen, was sich euch in der Spiegelung des SEINS zeigen möchte.
In der Spiegelung eures Seelenheils, eures Einheitsempfindens.

Nur durch bewusstes Hinsehen und Integration werdet ihr lernen euch selbst zu erkennen und zu lieben.

Genug der einführenden Worte;
lasst uns beginnen und Botschaften der Natur zu euren Herzen
bringen:

Teil I

<u>Zeitenwandel</u>

Der Geist der Natur: Es ist an der Zeit

Alles bewegt sich um uns herum.
Nur wir blieben stumm so lange Zeit:
Sind wieder bereit

Zum Tanz zur Musik,
zur Leichtigkeit
und der Freude Replik:

Es vereint sich,
es vergibt sich
der Liebe Vollzug,
der Tanz des Windes,
der in den Blättern ruht,
der sich vergibt so tausendfach
und in der Berührung Bewegung
verschafft.

Bewegung und Wandlung in dieser Zeit,
zum Gesang des Windes sind wir bereit
uns zu wandeln,

zu lieben den Geist der Natur,
zu vereinen in uns den Wandel pur,

zu spüren, zu tanzen mit den Elementen
und die Erinnerung aus uns selbst
erwecken.

Zu lieben uns als ein Wesen nur:
So sind wir gemeinsam

Der Geist der Natur.

Unsere Zeit

Es ist eine großartige Zeit, in der ihr Menschen, in der alle Wesen leben dürfen. Es ist UNSERE ZEIT. Eine Form der Eigenkreation, wie sie bewusst noch niemals zuvor stattgefunden hat. Jedenfalls nicht in dieser Form der Qualität.

Wir alle sind aktiv am Wandel der Zeit beteiligt und wir sind nicht mehr – wie noch in früheren Zeiten – in der Situation, uns auf Karma oder eine schwierige Lebensgeschichte zu berufen, wenn es darum geht, für unser Tun Verantwortung zu übernehmen.

Die Übernahme von Verantwortung ist immer auf das Große und Ganze bezogen. Jedes Einzelwesen ist ein Teil der Gesamtheit und trägt seinen Teil zum Neubeginn und zum Laufe der Zeit bei. Umweltkatastrophen, menschliche Begegnungen, die euch Lehren aufzeigen, Krankheiten und Rebellionen, Revolutionen in dieser Zeit zeugen noch von Uneinigkeit und Sinnsuche.

Spürt immer mehr hinein in das Kollektiv, das Ursprüngliche dieser Zeitqualität und ihr werdet spüren, dass es lediglich darum geht, euren eigenen Weg bewusst zu erkennen und umzusetzen. Wir meinen damit, den Weg, der zu euren Herzen führt. Mitgefühl, Verantwortung und Liebe füreinander sind die Werte, die eure Zeit, unser aller Zeit bestimmen.

Und je mehr dieses gefordert wird, durch kriegerische Auseinandersetzungen, Natur- und Umweltkatastrophen, die in ihrer Es-

senz Mitgefühl und Hilfsbereitschaft für andere Menschen an-
klingen lassen, umso mehr bekommt ihr die Möglichkeit euer
Herz zu öffnen, indem ihr durch die Liebe zu anderen Wesen,
euch selbst erkennt.

Schaut euch bewusst um in dieser Zeit der sogenannten Neuorientierung. Und beginnt über euer Mitgefühl zu anderen, über eure
Ängste um eure Umwelt, euch selbst zu entdecken. Es geht hier
um eine Form der Orientierung, die über euer Gegenüber und mit
seiner Unterstützung, eine Neu- aber auch Wiederentdeckung eures eigenen Wesens schafft.

Die Wunder der Natur

W as sich uns heute zeigt in dieser Zeit sind neuartige Formen, Farben, Gerüche und Begegnungen.
Mit uns meinen wir alle Wesen, die sich entschlossen haben, diese Zeit zu einer besonderen zu machen.
Sich einzulassen und mitzuspielen.

Viele Instrumente sind eingeschaltet und ein jeder von uns hat sich für einen besonderen Sound entschieden, damit das große Konzert der Einheit angestimmt und aufgeführt werden kann.

So manches mag beeinträchtigend wirken, da das jeweilige Wesen noch nicht herausgefunden hat, dass der entsprechende Klang seines Instrumentes nicht so richtig mit den anderen Konzertteilnehmern harmonieren will.

Es ist wichtig, dass ihr, dass wir uns als Einheit Zeit nehmen, um herauszufinden, wie wir gemeinsam die richtige Stimmlage finden, damit alle Instrumente , damit wir alle in Harmonie und Einheit zusammen agieren, gemeinsam spielen können.

Könnt ihr im Groben nachvollziehen, was wir damit sagen wollen. Alles schwingt, ist Schwingung um uns herum und lädt uns auf manchmal sehr herausfordernde Art und Weise ein, mit einzustimmen (mit dem richtigen Ton).
Ist es uns gelungen den richtigen Ton zu finden, für uns zu fin-

den, kann eine harmonische Beziehung im „Einklang" mit unserer Umwelt entstehen.

Um diesen einen Klang, der zu euch und damit auch zu eurer Umwelt passt zu finden, ist es wichtig, dass ihr euch auf euch selbst besinnt (in erster Linie) und dann, wenn ihr die Größe eures eigenen Seelenlebens entdeckt, eure Fähigkeiten gefunden habt, diese leben könnt, wird es euch möglich sein, euren eigenen Ton in Schwingung zu geben und perfekt mit der Umwelt zu harmonieren, die ihr für euch selbst durch den Ton der Liebe eures Herzens erzeugt.

Es mag sich für euch etwas kompliziert anhören, aber es ist wirklich eine Einfachheit, die ihr durch ständige Reizüberflutung in dieser Zeit vergessen habt, wahrzunehmen, weil ihr sie für unwichtig gehalten habt. Und vielleicht auch, weil sie euch Angst gemacht hat.

Weil ihr meintet, euch der Gesellschaft, der Familie, euren Freunden, eurem gesamten Umfeld so anpassen zu müssen, um weiterhin dazugehören zu dürfen. Doch bitte glaubt uns, dem ist nicht so.
Natur ist Vielfalt und ihr seid - wie wir - ein Teil des großen Wesens, dem ihr den Namen „Natur" gabt.

Erst wenn ihr euch selbst in all dieser Vielfalt erkennt und an eure Fähigkeiten glaubt, könnt ihr sie auch leben und sie dann in einem großartigen Maße mit eurer Umwelt vereinen.

Nur wenn ihr euch selbst lebt, tretet ihr aus eurer Scheinwelt heraus und lernt dadurch auch die Menschen und Wesen kennen, die ähnlich eingestimmt sind.

Es kann keine Übereinstimmung geben, wenn jeder von euch in Angst davor lebt, nicht anerkannt zu werden und dadurch eine Rolle übernimmt, die nicht für ihn gemacht ist und die ihn auf Dauer am Leben selbst hindert.

Was ihr als Wunder bezeichnet, sind zusammengesetzte Bruchstücke von Klängen, die gemeinsam so harmonisch sind, dass sie wundervoll anmuten und automatisch eure Herzen berühren. Wunder können dann geschehen, wenn ihr euch wieder an euch selbst erinnert, an den Kern eurer Existenz, eurer Ganzheit und ab und zu in eurem hektischen Alltag innehaltet und euch bewusst umschaut. In der Stille findet ihr die Kraft zu euch zu finden, euch selbst anzuschauen und zu begegnen.

Die Natur bietet euch ein großes Spektrum sogenannter Ruheplätze, an denen ihr tief durchatmen und euch öffnen könnt.
So viele von uns Naturwesen stehen an diesen besonderen Orten, von denen ihr euch manchmal magisch angezogen fühlt, bereit, um euch zu helfen, euren Ton zu finden. Verweilt an diesen Orten und nutzt die Inspiration, die wir euch geben möchten.

Auch wenn ihr uns vielleicht nicht mit euren physischen Augen sehen könnt, so werden die meisten Menschen uns doch spüren und von sogenannten magischen Orten sprechen. Habt keine Angst an diesen Orten inne zu halten. Es sind Kraftorte, ihr würdet sagen „Tankstellen", die wir euch zur Verfügung stellen. An diesen Orten könnt ihr reine Lebensenergie tanken und eure eigenen Kräfte durch diese Energie tief in euren Herzen wieder entdecken.

Wir glauben an euch und sind bereit für das umfassende Konzert der großen Vereinigung mit dem großartigen Wesen der Natur.

Die Zeit des Augenblicks

Vergänglichkeit ist das große Thema dieser Zeit, nicht wahr? Entstanden aus immer wieder werdenden und vergangenen Augenblicken. Aus dem was Ihr Vergangenheit, Gegenwart und Zukunft nennt. Aus Augenblicken, aus denen sich Eure Vorstellung von Zeit speist. Aus dem Erleben des Augenblicks.

Und so hat jedes Wesen seine eigene Zeit, seine eigenen Momente, die sich aus dem persönlichen Erleben des Einzelnen zusammenfügen. Was ist also unter Zeit zu verstehen? Kann es überhaupt eine Definition zu dieser Art des doch sehr persönlichen Erlebens geben? Ihr versucht die Zeit zu messen, aber lässt sie sich be-messen?

Denkt einmal darüber nach. Ist es denn wirklich angeraten und hat es einen Wert, anderen Menschen oder Wesen die eigene Vorstellung von Zeit oder die eigenen Werte, die sich entwickelt haben, aufdrängen zu wollen? Oder ergibt sich nicht vielleicht aus der Vielzahl von so vielen verschiedenen gelebten Augenblicken eine wunderbare Anzahl von Geschichten, die wirklich das Leben schrieb?

Ist es wichtig, die Vergangenheit zu verstehen, um eine Zukunft aufbauen zu können? Oder sind es nicht vielleicht doch eher die verschiedenen Erkenntnisse, die Vielfalt und dadurch Ganzheit erschaffen?

Ihr lieben Menschen, wir möchten euch gar nicht sehr viel länger mit unseren Worten durcheinander bringen oder euren Verstand über Gebühr beanspruchen. Es ist die Einfachheit des Verständnisses, das wir euch verdeutlichen möchten.

Und ein Anerkennen von Unterschiedlichkeit, Vielfalt, die sich aus so vielen verschiedenen Lebensformen speist. Das Wissen um die geschichtlichen Zusammenhänge eurer Herkunft, eurer menschlichen Herkunft ermöglicht euch noch lange keine Leichtigkeit des Augenblicks, oder?

Versucht zu erkennen, dass sich Augenblick an Augenblick reiht, in denen ihr Erkenntnisse in Leichtigkeit gewinnen könnt, indem ihr Freude in euer Herz lasst. Indem ihr eurem Verstand gestattet im Hier und Jetzt zu sein und nicht ständig eine Beschäftigung mit dem Gestern oder Morgen anzustreben.

Lasst Vergangenes in Liebe gehen und konzentriert euch auf den Augenblick, der sich euch in diesem Moment zeigt. Nehmt wahr und lasst geschehen, so leicht ist das.

Ihr seid auf diese Art und Weise im Fluss des Lebens, indem ihr euch voller Vertrauen treiben lasst. Bitte versteht uns nicht falsch, es heißt nicht, dass ihr gewisse Umstände, die euch missfallen, nicht ändern sollt. Es bedeutet lediglich, dass ihr euch keine neuen Felder oder Tatorte schafft, indem ihr das was euch verletzt hat durch unnötige Gedanken oder negative Gefühle intensiviert.

Vertrauen in euch selbst wird wachsen, wenn ihr Umstände, die ihr als negativ erlebtet als neue Lernfelder seht und durch die positive Energie werden sich diese zu euren Gunsten und eurem

Wunsch gemäß auflösen. Das alles funktioniert aber nur ohne Negativität und destruktive Gefühle.

Lernt Verantwortung für euch selbst zu übernehmen und gebt eurem Gegenüber dieselbe Möglichkeit der Selbstfindung. Nur indem ihr weder euch selbst durch Negativität beeinflusst noch eure Umwelt kann neues Vertrauen geschehen und Geschichte aus Authentizität jeden Augenblick neu entstehen.

Dies alles ist der Wandel, dem sich jedes einzelne Wesen in jedem Augenblick neu verantwortet.

*L*ebendigkeit in dieser Zeit,
heißt Offenheit und Wendigkeit.
Nicht stillzustehen und sich verbiegen;
Im Eins sein mit dem Herzen siegen.

In Schönheit und in Leichtigkeit,
sich zu schaffen
Augenblicke von Heiterkeit,
die sich in Liebe aneinanderreihen
und die Schönheit mit dem Herzen
vereinen.

Die Geschichte wird nun neu geschrieben
und die Autoren jene Wesen sind,
die bereit für die eigene Entwicklung zum Lichte
sind.

Die Weisheit des Wesens

Woher kommen wir, wohin gehen wir? Das ist die Frage, die die Menschheit am meisten zu bewegen scheint. Und natürlich ist darin wieder verborgen die Beschäftigung mit Sterblichkeit und Verlust. Aber immer ist es die „Sinnfrage", die euch Menschen beschäftigt, nicht wahr?

Immer scheint es die Frage zu sein nach Ganzheit, nach Einheit nach der Dazugehörigkeit zu irgendeiner Gruppe, zu einer Familie, wie ihr es nennt. Ist es wirklich um so vieles einfacher, euch im Vergleich mit anderen zu sehen, um festzustellen wer ihr seid? Oder wird euer Leben um so vieles einfacher, wenn ihr euch sagen könnt: „Wir sind nicht allein"?

Habt ihr euch darüber einmal bewusst Gedanken gemacht? Weshalb ihr die Zugehörigkeit braucht? Und weshalb die Menschen, die scheinbar unfähig sind, sich einer Gruppe anzupassen, als „andersartig" gesehen werden? Ist es denn nicht gerade die „Andersartigkeit", die euch im Leben oft weiterbringt und die Raum für neue Ideen, für Erfindungen und Kreativität schafft?

All diese wunderbaren Eigenschaften entwickeln sich im sogenannten „All-Eins-Sein". In den Situationen, in denen ihr direkt bei euch selbst angekommen seid und es keinerlei Ablenkung von außen gibt, um euch von dem Weg zu eurem wahren Selbst abzulenken.

Die Weisheit des Wesens liegt in euch selbst begründet – ja, ihr seid auch Wesen – menschliche Wesen, aber dennoch ein Teil der Natur wie wir es auch sind. Unsere wahre Herkunft und unser Sein entspringt nicht eurem Geist sondern tief empfundener Weisheit, eurem inneren Wissen, das universal ist und aus der Wahrheit dessen gespeist wird, was euch tatsächlich umgibt, was euch ausmacht.

Ihr seid – wie wir - mit allem verbunden und habt einen Zugang zum großen universalen Wissen, aus dem auch die Materie besteht. Wenn ihr offen und absolut ehrlich euch selbst gegenüber seid, könnt ihr die feinen Energielinien, die unsere Welt, unsere Zeit durchlaufen spüren und euch einschwingen. Doch bevor ihr euch zu großen „Wissen-schaftlern" hinaufschwingt, solltet ihr euch erst einmal selbst erkunden.

Ihr wähltet den Weg über die Spiegelung in eurem Gegenüber. Über die menschlichen Wesen, die sich euch als „Einzelwesen" zur Verfügung stellten, damit ihr euch selbst erkennen könnt. Nehmt diese Spiegelungen wahr und hinterfragt Situationen, in denen ihr euch ungerecht behandelt und missverstanden fühlt mit eurem Herzen. Und versucht damit aufzuhören, die Schuld in eurem Gegenüber zu suchen und diesen Menschen als Vergleich zu sehen. Seht ihn als das was er in diesem Moment für euch darstellt, einen Spiegel, der euch auffordert, euch mit euch selbst, euch mit eurem „Selbst" auseinanderzusetzen.

Die Gemeinschaft bietet euch große Möglichkeiten des Lernens, wenn ihr diese ergreift und bereit seid, nicht nur den Anteil des anderen, eures Gegenübers zu sehen. Beginnt wertungsfrei Situationen zu hinterfragen.

Jedes Wesen trägt tief in seiner Seele das universale Wissen in sich und damit unbegrenztes Wissen. Was euch davon abhält zu verstehen und dieses Wissen zu nutzen, sind oftmals noch veraltete Vorstellungen und Wertungen der Gegenüberstellung von klug und dumm und die Maßstäbe von Intelligenz, die ihr euch in eurer Gesellschaft gesetzt habt, um für euch einen gewissen Stand, ein gewisses Maß an Anerkennung und Wohlstand zu erzielen.

Doch sind diese Maßstäbe menschliche Maßstäbe und in unseren Reichen bedeutet „Wissen" die Einheit mit der Weisheit des Geistes, das Erkennen der universellen Gesetze.

Eure sogenannten „Wissen-schaftler" sind lediglich Studierende der äußeren Umstände einer Situation, die mit euren Sinnen erfasst werden kann. Doch sind es immer nur Puzzleteile, die von ihnen gesehen werden. Die Vorlage des Großen und Ganzen, der Einheit selbst, bleibt ihnen verborgen.

Wissen entstammt euren Lehrbüchern. Die Weisheit zur Erkenntnis entstammt eurem Geist und wird aus dem uralten Wissen eurer Seele gespeist, zu der ihr nur Zugang finden könnt, wenn ihr euch die Möglichkeit gebt, euch als Einzelwesen zu erkennen. Selbstverständlich mit der Unterstützung von anderen Menschen, aber doch in erster Linie der Erschließung eurer eigenen Pforten, die euch den Weg zu unbegrenztem Wissen mit der Weisheit eures Geistes eröffnen möchten.

*D*as Tor der Weisheit ist in dir, fühlst du es,
dann rat ich dir:

Geh Schritt für Schritt auf diesem Weg,
der deine Natur, dein Wesen prägt.

Nimm wahr, was sich dir offenbaren möchte.
Und hab Ehrfurcht vor deinen eigenen Kräften,
die deinem Geist entsprungen sind
und sich dir offenbaren Kind:

Als Kind der Natur, als Wesen dieser Welt,
die sich aus uns allen speist und erhält:

Geh hindurch durch dieses Tor
und erfühle die Einheit pur,
die tief in dir mit deinem Weg beginnt:

Dem Weg zur Weisheit, die deinem Geist
entspringt.

Einladungen an die Zukunft

Wir, als Wesen der Natur und ja, geliebte Menschen, wir zählen auch euch dazu. Auch ihr seid Naturwesen und gehört wie wir als Gruppe zur großen Einheit, die ihr Natur nennt.

Wir haben in einem vorrangegangenen Kapitel bereits von der „Zeit des Augenblicks" gesprochen, über die Anhäufung von zeitlichen Momenten und Erlebtem, die gemeinsam „Geschichte" ausmachen können.

Nun soll es um etwas gehen, das eure Herzen, jedenfalls die meisten eurer Herzen in der heutigen Jetztzeit bewegt. Es geht um die Zukunft der Erde. Um die zukünftigen Ereignisse, die Ihr mit jedem Tag, in dem Ihr euch selbst in all eurer Vielfältigkeit lebt, neu erschaffen könnt.

Es ist aufgrund der stark erhöhten Energien auf der Erde in jedem Moment möglich, ein zuvor kreiertes Bild auszubessern, oder neu mit dem Zeichnen zu beginnen. Viele von euch mögen sich in dieser Zeit müde fühlen, aber doch gleichzeitig überdreht, eure Konzentration scheint nachzulassen (oder habt ihr vielleicht gerade zu viel im Kopf, um dass ihr euch kümmern wollt?).

Ihr spürt ganz deutlich, dass die Zeitqualität, die es bisher gegeben hat und die lange Zeit Bestand hatte, nun nicht mehr existiert und umgeschrieben werden kann. Viele Protagonisten haben die Bühne betreten (wenn ihr euch das Weltengeschehen als Spiel vorstellen wollt). Und viele davon sind neu im Spiel, haben neue Ideen und versuchen diese auf ihre Art und Weise einzubringen.

Diese neuen Protagonisten, oder aber auch neuen Darsteller in dieser Zeit, haben sich dem jetzigen Wandel verschrieben und versuchen das Beste aus dieser neuen Zeit heraus zu holen. Sie aber auch im Kontext mit dem „Althergebrachten" zu überprüfen. Die alten Regeln sind ja noch vorhanden und nicht alle waren schlecht, oder?

Und so ist es in dieser Zeit in erster Linie für euch Menschen wichtig, euch gegenseitig zuzuhören und weder zu denken, „Althergebrachtes" ist schlecht, noch „neue Wege" sind nur in ihrer Ausschließlichkeit möglich.

Versteht ihr, was wir euch damit sagen wollen?

Ihr habt alle Rollen übernommen, und damit alles in dieser Zeit eurem und unser aller höchstem Wohl nach geschehen kann, ist es wichtig, Alt und Neu zuzulassen und individuell und mit dem Herzen und Verstand gut überlegt zu entscheiden, was kommen darf und was endgültig gehen, der Vergangenheit angehören sollte.

Damit Neues aber entstehen kann, ist es wichtig, sich noch einmal all dem bewusst entgegen zu stellen, was bisher mehr oder weniger gut gedacht bereits existierte und alle Facetten wahr zu nehmen.

Manche Machthaber in Politik und Wirtschaft scheinen euch un-
überwindbare Pessimisten oder Fanatiker zu sein. Aus unserer
Sicht, die wir die Dinge von einer anderen Ebene aus wahrnehmen, haben sie aber durchaus noch ihre Berechtigung im großen
Spiel des Lebens.

Sie rufen euren Kampfgeist hervor und euer wahres Interesse an
Menschlichkeit, Offenheit, an Fairness, an der Natur und zeigen
euch auf ihre – euch gewiss verdreht vorkommende massive Art
und Weise – was ihr nicht mehr wollt.
Was ihr geändert haben wollt. Zeigen euch durch die Verkennung
ins Gegenteil, euren Wunsch nach Schönheit, nach Liebe, nach
Einheit und Frieden.

Deshalb – auch wenn ihr es vielleicht noch nicht wahrhaben wollt
– ist es wichtig, dass euch immer noch Kriegsgebiete, Korruption
und Ungerechtigkeit vor Augen geführt werden.
Damit das Gute letztendlich seinen Sieg davon tragen kann.

Und das wird es geliebte Menschen, das wird es. Hört nicht auf,
daran zu glauben, geht immer wieder in euch und handelt, setzt
euch immer wieder ein für Gerechtigkeit, Frieden und Liebe. Indem ihr euch mit der Kraft eures Herzens und mit Hilfe anderer
menschlichen Herzen vereint und dann gemeinsam mit dem Herzen siegt.

Die alten Muster und Machthaber werden auf Dauer fallen, weil
Krieg, Korruption und Ungerechtigkeit niemals aus dem Herzen
heraus gelebt werden und nur gestärkt werden durch gleiches
Tun.

Zeigt allen, aber in erster Linie euch selbst, wer ihr wirklich seid und den Erfolg wahrer Liebe und Leidenschaft, die dem Herzen entspringt.

W ir laden Euch ein,
seid dabei, seid dabei:

Unsere Welt ist ein Meer von
Freude, Farben und Licht.
Ohne dieses gäbe es uns alle nicht.

Wir alle sind in dieser Zeit
aufgerufen zur Freude, zur Heiterkeit.

Nicht Kampf nennt euer gutes Tun,
sondern Hingabe, Öffnung an die Sache selber
nun.

Wir alle bewegen uns Schritt um Schritt:

Ach, nehmen wir doch Jeden mit, der
sich entschlossen der Zukunft zeigt
als menschliches Wesen der Einigkeit:

Zu lernen aus der Vergangenheit schafft eine
Zukunft der Seligkeit.

Reichtum in der neuen Zeit
(Inspiration des Wandels)

Geliebte Menschen, wir dürfen euch so nennen, oder? Fühlt ihr denn die Liebe, die euch tagtäglich umgibt? Oder seid ihr so sehr von den alltäglichen Begebenheiten und euren menschlichen Aktionen im Alltag abgelenkt, dass ihr die umfassende Liebe nicht mehr zu spüren imstande seid?

Jeder Tag beginnt mit einem Lächeln, jedenfalls sind das die energetischen Voraussetzungen und inneren Einstellungen, die wir – die Wesen der Natur – aber auch alle anderen Wesen, die sich in dieser Zeit dem Wandel verantwortet haben, aufzeigen und euch versuchen möchten in der Tiefe eurer menschlichen Seelen zu vermitteln. Dieses Lächeln ist die Form von Schönheit, Freundlichkeit und Fähigkeit im Einklang mit allem zu sein, die sich zwar auf euren Gesichtern in Form des Verziehens eurer Mundwinkel darstellen kann, aber doch hauptsächlich innerhalb in Form von Offenheit, Zugewandtheit und Optimismus für die innere Einstellung zu euch selbst und den euch umgebenden Menschen und Umständen stehen sollte.

Also ist ein antrainiertes und nicht mit dem Herzen verbundenes Lächeln kein Zeichen oder ein Wunsch nach wahrer Schönheit für einen gelungenen Tag.
Wenn es auch üblich ist in euren menschlichen Kreisen, sich formal freundlich zu begegnen, so ist es doch in seiner Endgültigkeit wenig hilfreich solange es keinen Bezug zu euren Herzen hat und

eurer wahren Authentizität, eurem wahren Wesen entgegen spricht.

Wir sind oft bei den großen Verhandlungen der Menschheit dabei – in energetischer Form -. Ihr würdet uns Elementargeister, Musen, Elfen, Feen oder Schutzgeister nennen. Gerade wo Verhandlungen in der Natur selbst, also außerhalb von Gebäuden stattfinden, fühlen wir oft die disharmonischen Schwingungen und versuchen diese durch unsere Energielinien auszugleichen und euch, sofern ihr offen und bereit dazu seid, wieder mit eurem Herzen zu verbinden.

Und bitte glaubt uns, es ist wirklich kein Leichtes Disharmonie zu spüren und diese aushalten zu müssen. Ihr wisst, dass es ein Eingreifen und eine Unterstützung von unserer Seite nur geben kann, wenn es durch eure Bereitschaft der Öffnung (der Herzensöffnung) ermöglicht wird, oder?

So viele von euch sind auf der Suche nach Erfolg, nach finanzieller Sicherheit, die oft mit Reichtum verwechselt oder bezeichnet wird. Was versteht ihr unter Erfolg, was unter Reichtum? Erfolg zu haben, hat als Grundvoraussetzung eine Zielverfolgung, oder? Und? Welche Ziele verfolgt ihr? Sind es Ziele, die eure materiellen Güter betreffen, verlauft ihr euch in der Materie und wollt ihr immer mehr, weil ihr glaubt, dann erfolgreich zu sein. Indem ihr euch eurer Meinung nach besserstellt als eurer Nachbar?

Bitte glaubt uns, dass euer Herz sich von eurem Verstand, der die materielle Ebene oft leitet, nicht bestimmen lassen möchte. Euer Herz unterstützt euer Seelenleben, euer ureigenes Sein und diese hohe Ebene findet keine Befriedigung in der Anhäufung von Gegenständen.

Es vertritt die Wünsche eurer Seele, eures hohen Selbstes und wird immer wieder versuchen, euren Verstand aufzurufen, sich ihm anzuschließen, sich mit ihm zu verbinden, um wahre Werte für euer Leben zu finden, die euch zu dauerhaftem Glück (zur Glückseligkeit) verhelfen.

Seid ihr bereit dazu? Seid ihr bereit dazu, diese neue Definition von Reichtum zuzulassen? Dann spürt hinein wie sehr ihr eine neue Anschaffung wirklich braucht. Und wie lange die Freude über diese Anschaffung währt. Oftmals doch nur einen Augenblick, oder? Und dann begebt ihr euch auf den nächsten Jagdausflug, immer auf der Suche dieses Mal das richtige Objekt zu finden, das euch glücklich macht.

Geliebte Menschen, ihr seid so reich an Werten, an Fähigkeiten, an Liebe, an Wundern und grenzenloser Befähigung zu innerem Frieden, dass es eine unfassbare Fülle an Möglichkeiten gibt, eure und damit unsere Welt zu einer lebenswerten Einheit zu verschmelzen, in der sich jedes Wesen aus sich selbst heraus leben kann.

Verschwendet eure Energie nicht mehr mit der Suche nach äußerem Reichtum, der euch kein Glück und keine Friedfertigkeit bringen kann, sondern macht euch auf die Suche nach euren eigenen Werten, die ganz tief in jedem von Euch schlummern und lediglich geweckt werden möchten.

Wir sind bei euch und stehen euch als Inspiration und als geistige Helfer jederzeit zur Seite.

*U*nsere Welt in sich umfasst
Liebe, Einheit, Leidenschaft.

Reichtum inspiriert euch nun,
um für euch selbst etwas zu tun,
nicht horten oder sammeln von Gegenständen,
sondern handeln.

Dem Herzen seinen Weg eröffnen,
im Vereinen eurer inneren Kräfte.
Kein Verbot in euch wohnt,
in der Bewährung der Sieg der Seele lohnt.

Eure Seele sich freut über Inspiration.

Im Wunsche des Herzens zur Freiheit sich zeigt
Liebe und Erfolg in der Suche nach eurer
Fähigkeit,
euch selbst zu erkennen als das was ihr seid.

Berührungen der Zeitschleife

Liebe Freundinnen und Freunde der neuen Zeit, geliebte Menschen. Unaussprechlich einzigartige Wesen, die ihr für uns seid. Eure Zeit ist da in jedem einzelnen Moment. So viele von euch mögen sich fragen, wann kommt denn nun der große Moment in meinem Leben, in dem etwas ganz Besonderes geschieht. In dem vielleicht meine Träume wahr werden, oder der mir meine Träume erst einmal aufzeigt.

Etwas soll sich ändern in eurem euch selbst erstellten Zeitgefüge, nicht wahr? Und so seid ihr immer wieder auf der Suche nach DER GELEGENHEIT, DEM BESONDEREN MOMENT, der eure Herzen zum Klingen, vor Freude tanzen lässt. Oder euch überhaupt erst einmal aus der Lethargie, der Eintönigkeit des Alltages herausholt.

Die Langeweile, wie ihr es nennt, denn diesen Begriff habt ihr erfunden für etwas das wir als „Stillstand" bezeichnen würden. Stillstand entsteht aus „Bewegungslosigkeit". Aus dem Verharren in einer Situation oder aus dem immer wieder kehrenden Aneinanderreihen der Situationen, in denen ihr euch sicher und geborgen fühlen konntet. So habt ihr euch eure eigene Alltagsroutine erschaffen. Ein Umfeld, das sich möglichst nicht mehr ändern sollte, wenn es sich bewährt hat. Und trotzdem kommt euch doch in manchen Momenten ein Gedanke oder aber auch ein Gefühl in den Sinn wie es wohl wäre aus diesem Gefüge einmal auszubrechen.

Einmal im Leben etwas anderes zu machen? Ich fragt euch: Was wäre, wenn ich die Alltagsroutine hinter mir lasse, einen Neuanfang starten würde. Ja, vielleicht einen anderen Job ergreife? Mich von meinem Partner trennen und an einem anderen Ort einfach alles anders machen würde?

Ja, was würde dann eigentlich geschehen? Bricht dann das Chaos über mir herein? Werde ich durch die Veränderung zu einem anderen Menschen?

So viele Fragen erscheinen in solchen Momenten in eurem Geist und oftmals sprecht ihr mit Freunden darüber. Am spannendsten sind doch die Geschichten oder auch Filme, die ihr aus eurem Fernsehen kennt und in denen sich die Leben anderer Menschen durch Sinneswandel oder durch scheinbar von außen kommende Umstände komplett ändern und dann letztendlich ja doch noch gut enden.

Das was ihr von außen seht, erscheint euch als Fiktion, aber es sind doch Lebensgeschichten, die euren Verstand zum Nachdenken und euer Herz zum Schwingen bringen können.

Oftmals kommt ihr euch vor wie in einer „Zeitschleife" geliebte Menschen. Jeden Tag scheint es dieselben Abläufe in eurem Leben zu geben. Fragt Euch doch einfach einmal, weshalb das so ist und weshalb euch etwas, was euch aus der Eintönigkeit des Alltages herausholt, so verführerisch erscheint.

In dieser Zeit geliebte Menschen, in der wir uns im Hier und Jetzt befinden, zeigen sich noch einmal in der Spiegelung eures eigenen Erlebens die Situationen auf, die ihr für euch geschaffen habt, um in scheinbarem Frieden zu leben. Doch es sind wie wir es sagten, nur Spiegelungen, die ihren Ursprung in früheren Zeiten haben, in denen ihr glaubtet, euch durch Drohgebärden und Machtdemonstrationen schützen zu müssen.

Die Drohung mit Atomwaffen ist wohl die stärkste Art von Machtdemonstration. So glaubtet ihr eine Zeit lang, jedenfalls eure Machthaber in Politik und Wirtschaft, auf diese Art und Weise könnten Frieden, Wohlstand und Glück gewährleistet werden.

Aber ihr habt euch als Menschheit, als Gruppe und damit auch als Einzelwesen weiter entwickelt, seid Schritt um Schritt vorangeschritten in eurem Bewusstseinsprozess und habt letztendlich eingesehen, dass es andere Wege gibt, zu sichern was ihr habt . Indem ihr die Dinge, die euch Angst bereiteten nicht verdrängtet, sondern sie aus einem neuen und lichtvolleren Blickwinkel betrachtet habt.

Der Umgang mit Atomwaffen, hier nur als Beispiel betrachtet, war dann eine ganze Zeit lang kein Thema mehr für euch. Es schien aus euren Medien fast vollständig verschwunden zu sein.

Nun in dieser Zeit werdet ihr, insbesondere diejenigen unter euch, die sich noch für die Gleichförmigkeit des Alltages entschieden haben, noch einmal mit alten Themen konfrontiert und so mag es euch vorkommen, als wärt ihr in einer Zeitschleife gelandet. Es sind wieder Machthaber aufgetaucht, die das Thema

„Atomwaffen" herausfordernd in den Vordergrund stellen. Doch es ist lediglich eine Zeitschleife, in die ihr euch selbst hineinbegebt, oder aber auch nicht. Die ihr von außen sehen und mit Abstand beobachten, oder in die ihr euch hineinbegeben könnt. Ganz nach eurem Belieben.

Lasst euch von diesen Situationen, in denen ihr euch hilflos fühlt, äußeren Umständen gegenüber nicht überrollen, sondern tretet heraus und versucht, diese sogenannte Zeitschleife von außen zu betrachten.

Sie zu berühren, bedeutet ein Wahrnehmen der Situationen, die euch z.b. auch durch den Klimawandel und die dazugehörigen darstellenden Medien ängstigen. Es bedeutet aber auch, dass ihr, um wirklich etwas zu verändern, nur dann in die Tat gehen könnt, wenn ihr euch nicht in den Sog der Verzweiflung und der scheinbaren Unabänderlichkeit hineinziehen lasst, aber trotzdem wahrnehmt was ihr fühlt.

Löst diese sogenannte Zeitschleife, die scheinbar wiederkehrenden ängstigenden Situationen auf, indem ihr von außen betrachtet, diese wahrnehmt und dann aus dem Herzen heraus agiert. Voller Mut und in Vertrauen in die Zukunft, aber vor allen Dingen in euch selbst.

*T*iefes Vertrauen in eure Kraft,
ein Leben in Reichtum und Fülle erschafft.

Kein Verlangen ist stark genug,
solange die Furcht vor Verlust in euch wohnt.
Träume entstehen und wandeln sich
in Aufbruch und Schönheit im werdenden Licht:

Nur im Licht ihr klar erkennt was zur Erfüllung
eures Traumes drängt.
Drum beleuchtet klipp und klar, was ist noch
Traum
und was schon wahr.

Der Wunsch der sich im Traume zeigt,
ist bereits erfüllt in dieser Zeit,
wenn ihr euch gegenüber steht und
euch als Freunde vor euch seht.

Die neuen Formen der Wahrnehmung (Sinneswandel)

Anlässlich des Beginns der neuen Zeitqualität haben wir uns gemeinschaftlich entschlossen als eine Energieform zu euch zu sprechen. Zeit und Raum wird im Moment – ja gerade jetzt geliebte Menschen durch die hohen Lichtenergien, die derzeit eure Erde, euer Universum und damit euren Seinszustand durchfluten, neu gestaltet.

Es hat sich nicht nur das Klima verändert, das ihr seit Ewigkeiten gewohnt seid. Mit jedem Atemzug atmet ihr die neuartigen und hohen Energien ein, die so stark lichtdurchflutend jedes Wesen und jede andere Lebensform eures Planeten durchströmen.

Sie durchfluten euch mit neuen Informationen und greifen in euer körperliches und seelisches System ein, testen aus und überprüfen euch auf eure Anpassungsfähigkeit. Ja, sie regen eure Nervenstränge an, sich weit zu öffnen und für eine eventuelle Änderung bereit zu sein.
Seid ihr bereit geliebte Menschen, seid ihr bereit euch soweit zu öffnen, dass ihr neuen Informationen Raum verschaffen wollt? Seid ihr bereit, ohne Angst zu leben? Seid ihr bereit, euer Sein so weit zu erheben, dass ihr im Erkennen eures wahren Selbstes die Anpassung an die neue Zeit liebevoll vornehmen wollt?

Wir wissen, dass diese Zeit nicht einfach für euch ist. Es scheinen sich für euch so viele Herausforderungen zu stellen, dass es euch oft schwer genug fällt, den Überblick zu bewahren. Doch diese Herausforderungen sind lediglich noch einmal eine Form der Gegenüberstellung von althergebrachten Situationen und neuen Möglichkeiten mit diesen umzugehen. Sollten diese „Herausforderungen" auf euch zueilen, versucht diese als das zu sehen, was sie sind: Eine neue Möglichkeit der Umgangsform. So vieles wandelt sich zurzeit auf eurem geliebten Planeten Erde, so vieles scheint für euch in ein anderes, neuartiges und vielleicht auch fremdes Licht gehüllt.

Aber bitte glaubt uns, auch Situationen, die euch als beängstigend erscheinen, sind in das strahlende Licht der Wandlung gehüllt. Wäre es nicht so, geliebte Menschen, könntet ihr denn sonst erkennen? Erkennen könnt ihr nur, wenn Licht in eine bestimmte Situation fällt, so dass ihr z.B. Gegenstände in einem Raum auch nur klar und deutlich erkennen könnt, wenn ihr sie in ausreichendes Licht taucht.

Dieses Licht, diese neuen hohen Energien, die euch und die gesamte Erde durchfluten, berühren – wie wir es bereits zu Beginn kurz ansprachen – euer Nervensystem, durchströmen es, versorgen es mit Energie.
Es sind neue Energien, aber doch auch gleichzeitig Informationen, die von eurer DNS erkannt werden können, weil sie euch in früheren, längst zurückliegenden Inkarnationen und Seins Situationen begleiteten und sie ein Teil eures Selbstes waren.

Nur habt ihr euch aus gutem Grund zum damaligen Zeitpunkt entschlossen, ohne Erinnerung und ohne Hinzuziehung eures wahren Selbstes zu inkarnieren, seid ins Vergessen gegangen, um

euch zum richtigen Zeitpunkt wieder ganz bewusst an das zu erinnern was ihr seid. Der Lernprozess bis zu diesem Zeitpunkt der
großen Wandlung war enorm wichtig für Euch und euer Bewusstsein.

So gab es unzählige Inkarnationen für euch, in denen ihr euch nur
eines Teils eures großartigen Wissens bewusst ward.

In dieser Zeit geschieht nun der sogenannte Zeitenwandel auf den
wir uns gemeinsam über so viele Äonen hinweg zubewegt haben.

Durch die hohen Lichtenergien werden eure Nervenstränge, eure
DNS Stränge erneut aktiviert, intensiviert und viele von euch
können nun bewusst oder auch unbewusst ihre bisherigen Wahrnehmungen in einer für euch neuen Form leben.

Es gibt einen Sinneswandel geliebte Menschen, der mit dem Klimawandel einhergeht. Die Intensivierung eurer Sinne, der euch
bekannten Sinne von Hören, Sehen, Fühlen, Riechen, Schmecken
und Tasten mag sich für viele von euch noch ungewohnt anfüh-
len, ja, euch vielleicht sogar ängstigen.
Doch sind es lediglich Auswirkungen der hohen Lichtenergien,
die verstärkt zur Erde fließen und alles in ihr Licht einhüllen.
Diejenigen von euch, die offen sind für Veränderungen und deren
Bewusstsein sich mit dem Herzen verbunden auf diesen neuen
Weg begeben möchte, werden vielleicht – wie von Wundern
überrascht und herausgefordert – eines Morgens aufwachen und
die Welt mit neuen wundervollen Augen sehen, indem sie die Realität in einer Klarheit wahrnehmen, wie es ihnen vorher noch
nicht möglich war.

Wir bitten euch dieses Geschenk anzunehmen. Dieses hat nichts mit „Zauberei" zu tun, die von außen auf euch einstürmt und der ihr ausgeliefert seid. Es hat mit dem Zauber zu tun, der der Kraft eurer eigenen Energieform entspringt, da euer Bewusstsein sich entschlossen hat, der Intensivierung des Lichtes zu folgen, sich ihm anzuschließen und es in Liebe aufzunehmen und zu integrieren.

Nichts geschieht von außerhalb eures Selbstes, was ihr nicht wollt, wogegen ihr euch sperrt. Es kann lediglich Einlass in euer Bewusstsein, euer Herz finden, was ihr selbst hereinlasst.

Solltet ihr also vielleicht eines Morgens (nur eine Metapher) aufwachen und eine Veränderung eurer Wahrnehmung, eurer Sinne erspüren, ängstigt euch nicht und wisset bitte, dass ihr selbst die Akteure seid, die sich dem Wandel dieser Zeit verschrieben haben und ihren Teil dazu beitragen möchten, dass die Welt endlich als das anerkannt werden darf, was sie ist: Ein Ort voller Wunder und Schönheit.

F ühlen, hören, sehen, riechen,
schmecken,
einheitlich Sinne genannt, so verkennt ihr
manchmal was euch noch von uns trennt:

Jedes Wesen fühlt diese Reise
aber auf seine eigene Art und Weise:
Wir warten auf die Zusammenkunft
der Menschen und ihrer Verantwortung:

Verantwortung sich selbst gegenüber,
schafft Öffnung auch für dein Gegenüber.
Im Sinne und Geiste sich oft vereint
was einig sich ist und war, vor eurer Zeit.

Wir als Wesen der Natur haben uns geöffnet der
Sache selber nur,
können euch hören, riechen und sehen als das
was ihr seid,
Wesen der Einheit und Natur in eurer
Menschlichkeit.

Das Zeitalter des Lichtes

Geliebte Menschen, wisst ihr denn schon, wie ihr diese Zeit in vielen Jahren, wenn ihr zurückblickt nennen werdet? Für so viele Zeitabschnitte habt ihr oder eure Geschichtenerzähler, die ihr Kundige der Zeit nennt, oder auch Archäologen, bereits Bezeichnungen ersonnen, um eure Vorstellungen von Zeit festzuhalten und zu intensivieren. Um eure Erkenntnisse an eure Nachfahren weiterzugeben.

Damit euer Wissensstand sich erweitere und ihr für eure Nachkommen die Geschichte der Menschheit festhalten könnt. Doch nichts ist in Stein gemeißelt geliebte Freunde. Es sind doch immer nur Eindrücke einzelner, die in der Vergangenheit forschen, um Entwicklungen festzuhalten, die im Übrigen schon längst vergangen sind.

Ist es denn wirklich so interessant, wenn ihr wisst, was sich vor tausenden von Jahren eurer Meinung nach zugetragen hat? Gibt euch dieses Wissen Sicherheit? Oder könnt ihr so vielleicht nur mehr oder weniger entspannt euch zurücklehnen und euch denken, so wie unsere Vorfahren möchten wir nicht mehr leben. Wir haben uns entwickelt und dazugelernt.

Durch die Entwicklungen, die die Menschheit gemacht hat, ist wirklich sehr viel geschehen auf der Erde. Doch hütet euch vor Bewertungen und Urteilen.
Wart ihr nicht selbst als Einzelwesen in früheren Inkarnationen

mit dabei, wenn Kriege geführt wurden. Erinnert euch, ihr selbst seid es gewesen, die zum Schwert gegriffen haben, oder eure Familien verlassen habt. Und ihr selbst seid es, die in späteren Inkarnationen entweder genau dieselben Taten wiederholtet oder aber aus ihnen lerntet und anderweitige Wege der Selbsterkundung und des Lernens beschritten habt.

Ihr inkarniert wieder und wieder, nur um in dieser Zeit anzukommen, in der sich euch euer Lernprozess in einem ganz neuen Licht präsentieren möchte.

Wir sprachen schon von einer veränderten, verstärkten Wahrnehmung und den Prozessen der Wandlung in dieser für euch so herausfordernden Zeit.

Vielleicht würdet ihr in vielen Jahrhunderten oder anderen Abschnitten der Zeit von der Zeit des großen Chaos auf der Erde sprechen.

Aber lasst euch Zeit, geliebte Menschen, die entsprechenden Wege sind noch nicht im Ablauf feststehend. Sie wandeln sich immer wieder mit jedem neuen Lichtstrahl, der aus dem großen Lichtenergienbündel entsteht, das zurzeit die Erde und euer gesamtes Umfeld in sein Strahlen einhüllt.

Jeder Lichtstrahl ist ein Teil dieser wunderbaren Gesamtenergie, die aus hochschwingenden energetischen Einzelteilen besteht, die euch mit Lebensenergie versorgen und euren Körper durchdringen.

Liebe Menschen, Mitwesen und Abkömmlinge der großen

Schöpferquelle, die ihr für uns seid. Ihr seid ein Teil dieser Energie, seid und wart es schon immer. Genauso wie ihr auch immer ein Teil von uns gewesen seid und wir von euch. Unwiderruflich sind wir alle miteinander verbunden durch das Licht, das uns Energie schenkt, das uns Leben schenkt.

Ihr unterscheidet Licht und Dunkelheit. Weshalb nur ihr Lieben? Licht bedeutet Helligkeit für euch und Dunkelheit für euch die Abkehr von Licht? Habt ihr euch vielleicht einmal gefragt, dass es euch teilweise unmöglich erscheint Licht zu erkennen? Wenn es bei einem Teil der Menschheit auf der einen Seite der Erde dunkel ist, scheint auf der anderen Seite das Licht. Und dieses wechselt aber immer wieder je nachdem wie sich eure Erde dreht.

Aber das Licht selbst ist immer da und durchdringt euren Planeten, sonst würde es kein Wachstum geben können. Dass ihr nicht nur in der Helligkeit lebt hat seinen Grund.

So könnt ihr euch im Dunkeln, des Nachts oder in der Winterzeit auf euer eigenes Licht, das in euch wohnt, besinnen, könnt zu euch kommen und aus euch selbst heraus wieder Kraft sammeln für neues Handeln und für einen neuen Tag.
Tiere und Pflanzen machen es genauso.

Diese Prozesse wiederholen sich Tag um Tag. Doch sind sie euch leider noch nicht in ihrer Gesamtheit bewusst.

In dieser Zeit verändert sich vieles für euch. Das Klima wandelt sich und auch die Jahreszeiten erscheinen euch nicht mehr so wie sie einst waren. Nichts ist mehr zuverlässig. Also doch Chaos?

Es ist eine Zeit der Herausforderungen, der Herausforderung und dem Auftrag an euch, euch auf euer eigenes Licht zu besinnen, um dann mit der gesamten Menschheit und der Erde selbst, ja auch uns, geliebte Freunde im immerwährenden Licht erstrahlen zu können, in dem es keine Dunkelheit mehr für euch geben wird, weil wir sie gemeinsam – jeder mit seiner eigenen Fackel des Lichtes – auflösten.

Es werden keine Geschichtenschreiber mehr nötig sein, um von dieser Zeit zu erzählen, weil wir sie alle für uns gemeinsam finden und bis in alle Ewigkeiten leben werden.

Im Zeitalter des Lichts.

Zeit um Zeit,
Schritt für Schritt.

Die Vergangenheit naht
und nimmt die Zukunft mit.

Im Zusammenschluss sich im Lichte
vereint,
Gegenwart, Zukunft und Vergangenheit.

Von Engeln, Feen, Elfen und anderen Wesen

Oh, liebe Menschen, wir grüßen euch und wissen von dem Wunsch, eurem Wunsch uns zu sehen, uns zu hören, uns wahrzunehmen. Wissen von eurem Wunsch, uns nicht nur ein Zuhause in euren Büchern, Märchen und Fabeln zu geben.

Was würdet ihr davon halten, wenn wir sagen würden, wir sind alles und jedes um euch herum, leben im Einklang mit der Natur und euren Herzen. So wie auch ihr im Einklang mit eurem Herzen und mit der Natur leben und agieren solltet.

Ihr seid wie wir auch reine Energie. Und was für eine wunderbare und hochschwingende Energie, eure Seelen strahlen so kraftvoll, dass es zauberhaft und unwiderstehlich ist für uns, dieses spüren zu dürfen.
Wir sind genauso existent wie ihr es seid. Nur ihr habt euch auf die Materie eingeschwungen und euch in eine andere Dimension begeben. Deshalb gehört ihr aber genauso wie wir und viele andere Wesen im Ursprung der großen Schöpferquelle an.

Tief im Herzen wisst ihr, dass es nicht ausschließlich die Welt geben kann, die ihr mit den euch zurzeit noch zur Verfügung stehenden Sinnen wahrnehmen könnt. Wisst, dass es über die Materie – das für euch wahrnehmbare hinaus – noch eine andere Welt gibt.
Weshalb sonst begebt ihr euch ständig auf Forschungsreisen und

weshalb wohl wollt ihr z.B. so gerne, das von euch so hoch gepriesene „Ungeheuer" von Loch Ness finden.
Und was würdet ihr denn tun, wenn ihr es gefunden hättet. Weiterforschen, oder?
Was würdet ihr tun, wenn ihr auf einmal in der Lage wäret Dinge wahrzunehmen, die eure Umgebung nicht hören und nicht sehen kann. Würdet ihr denken, ihr werdet verrückt, weil Andere dieses nicht so fühlen? Oder würdet ihr bei euch selbst forschen, weshalb ihr anders seid?

Es gibt so viele Dinge, die der Verstand nicht erklären kann. Und überlegt euch doch bitte einmal, weshalb ihr ständig auf der Suche seid nach etwas, was außergewöhnlich ist.

Viele menschliche Wesen können die Natur um sich herum auf eine Art und Weise wahrnehmen, die möglicherweise noch als „besonders" oder „einzigartig" umschrieben wird.
Ihr seid einzigartig, geliebte Wesen, jeder von euch auf seine eigene Art und Weise.

Aber was geschieht nun mit den Menschen, die diese außerordentlichen Wahrnehmungen haben, die außerhalb eurer wissenschaftlichen Erkenntnisse liegen. Viele von euch suchen selbst nach Erklärungen nach dem, was ihnen widerfahren ist, was sie mit ihren Sinnen außerhalb der Norm wahrgenommen haben.
Ihr wolltet so gerne Erklärungen finden und so habt ihr Bezeichnungen vergeben, sowie ihr auch für euch selbst und eure tierischen Freunde Namen gefunden habt.

So gab es für die große Gruppe der „Lichtwesen", denn dieses ist wohl die geläufigste Beschreibung dessen was wir sind (und was selbstverständlich auch ihr seid liebe Menschen), verschiedene Bezeichnungen: Engel, Elfen und Feen sind nur die geläufigsten davon. Es wurden immer wieder andere Energieformen von euch wahrgenommen, von den Menschen, die mit einem offenen Herzen die Welt betrachteten (oder den sogenannten Hellsichtigen). Aber diese Bezeichnungen gab es nur, um für euch eine Unterscheidung der verschiedenen „geistigen Erscheinungsformen" zu finden.

Wir sind so wirklich wie ihr es seid. Und so wahrnehmbar wie ihr es seid. Bitte glaubt uns dieses. Nur sind wir – wie ihr – reine Lichtenergie – meinetwegen auch Seelenenergie.

Wir sind alle unterschiedlich – wie auch ihr es seid -. Und es gibt Unterschiede in den Schwingungsebenen, die sich aus dem zur Verfügung stehenden Licht speisen. So dass ihr uns mal als energetisch hochschwingend (also liebevoll durchdringend und –berührend) und mal als weniger lichtvoll erlebt.

Welchen Wesen ihr euch zuwenden wollt, liegt in eurer Entscheidung. Wir möchten euch nur sagen, dass es unerheblich ist für das Erlebte, welchen Namen ihr uns gebt. Wichtig ist, dass ihr mit dem Herzen fühlen und erkennen könnt.

Es ist uns eine Ehre euch zu begleiten und eure Herzen und Seelen berühren zu dürfen.

L iebe ist so vieles nun
nicht nur ein Herz, das für euch schlägt,
sondern Berührung, die Welten bewegt.

Erkennt ihr euch in dieser Zeit,
bewegt ihr auch die Ewigkeit,

der ihr entsprungen seid:

Wie wir es sind, und nun ganz leise,
gehen wir neben euch auf unsere eigene Weise.

Was euch das Herz nun offenbart
ist ein Geschenk der Öffnung eurer
Seelenstatt.

Nicht Namen, die für euch wichtig sind,
sondern Einigkeit, die dem Licht entspringt.

Erkennt uns an als das was wir sind:
Einigkeit, die dem Licht entspringt.

Aufforderung zum Neubeginn

Liebste Menschen! Hat euch schon jemand zum Tanzen aufgefordert? Und wisst ihr noch wie sich das angefühlt hat? Gibt es etwas Besonderes, was sich euch an diesen Moment erinnern lässt? Oder was ging in euren Herzen vor sich?

Eine Aufforderung ist eine vielleicht mit Worten umschriebene Bitte an eine bestimmte Person etwas zu tun, oder? Wenn ihr nun in diese Zeit hinein spürt, wie fühlt ihr euch dabei? Herausgefordert? Immer wieder scheint ihr durch das Alltagsgeschehen an eure eigenen Grenzen zu stoßen. Doch ihr selbst habt euch euren Alltag geschaffen. Einen Tag, der in seiner Struktur und seinem Ablauf allen anderen Tagen gleicht. Sonst wäre es kein Alltag.

Fühlt ihr euch sicherer durch ein Geschehen, das sich im Ablauf immer wiederholt und euch so wenig überraschen kann? Sicherheit entsteht durch das Bewegen in vertrauten Mustern, in vertrautem Terrain. Aber Sicherheit begrenzt auch und schränkt ein, denn ein Ausbrechen aus der gewohnten Sicherheit kann Gefahr mit sich bringen. Aber doch auch eine neue Erweiterung eures Umfeldes bewirken.
Liebe Menschen, was ist es euch denn wert, euch einmal auf den Weg hinter die Schranken eures selbst gewählten Sicherheitszaunes zu begeben?
Es gibt doch bei euch ein Sprichwort, das heißt: Wer nicht wagt, der nicht gewinnt? Oder?
Wer nicht wagt, verlässt seine Grenzen nicht, schränkt sich aber

selbst durch eigene Verbote in seiner Lebens- und Entwicklungs-
form ein.

Es ist doch wunderbar einmal hinauszugehen und die Welt aus einem anderen Blickwinkel zu sehen. Einmal etwas Neues zu wa-
gen.

Und nun liebe Freunde ist es so weit. Durch die Erhöhung der
Energien, die alles durchdringen, die eure Körper und eure Seelen in ein neues und höher schwingendes Licht tauchen, wird
euch die Möglichkeit gegeben, neue Wege zu beschreiten.

Diese Form der Möglichkeit mag sich vielleicht so äußern, dass
ihr eines Morgens aufwacht und einfach mal einen anderen Weg
zur Arbeit wählt wie den, den ihr vorher jahrelang gegangen seid.
Oder eine andere Zeit für euren Arbeitsbeginn wählt, ja, vielleicht wirklich die Arbeitsstelle wechselt. Vielleicht habt ihr fest-
gestellt, dass sich die Kollegen mittlerweile nicht mehr „kompati-
bel" mit eurer Vorstellung von Berufsleben zeigen und es
dadurch immer wieder zu Streitigkeiten kommt.

Vermutlich ist es dann zu einer Grenzüberschreitung gekommen.
Wer nun nicht mehr zu wem passt, mag dahingestellt sein und es
ist müßig darüber nach zu grübeln.

Verliert euch dann nicht in Gedankengängen, die euch von eurem
eigentlichen Tun ablenken, sondern schreitet weiterhin mutig voran, wenn ihr das Gefühl habt, euer Herz schlägt im Einklang mit
eurer wahren Natur.

Und ernennt die Grenzen der anderen Menschen nicht zu euren eigenen. Ihr seid ein Einzelwesen, jedes Wesen ist dieses auf seine ganz eigene Art und Weise. Es ist wichtig, dass ihr dies versteht, denn erst dann könnt ihr euch anderen Menschen anschließen, ohne die Befürchtung haben zu müssen, euch selbst im Anderen zu verlieren.

Die Unruhe, die viele Menschen derzeit spüren, ist der Erhöhung des Lichtes zuzuschreiben, welches zurzeit jedes einzelne Wesen durchströmt.

Nehmt diese Unruhe bitte als das an, was sie ist. Ein Wegweiser in die neue Zeit und als einen kleinen Schubs, um vielleicht ein Umdenken, eine Neuorientierung eurer bisher gelebten Struktur herbei führen zu können.

Wenn ihr euch also unbewusst herausgefordert fühlt, greift die euch gebotene Hand eurer eigenen Idee, eures Schicksals und nehmt die Herausforderung zum Tanz an.

Wir sind ganz in eurer Nähe und begleiten euch in dieser Zeit.

Auf neuen Wegen zeigt sich nun,
wo Anfang und Veränderung.

Die neue Lebensqualität
dir aufrecht gegenüber steht,
um dich zum Tanze auszuführen
und deine Sinne zu betören.

Zu zeigen dir den neuen Weg,
den dir dein Herz im Licht erspäht.

Der Tanz im Licht

Liebe Menschen, so vieles ist schon gesagt worden und dennoch wollen wir noch einmal versuchen euch zu verdeutlichen mit wie viel Leichtigkeit diese neue Zeit sich nun offenbaren möchte.

Es sind in der Tat Energieströme die von so hoher Qualität sind, dass sie euch spielerisch umfluten, euch berühren, ja euch auch manchmal necken, um euch zu offenbaren, wie leicht, wunderbar, farbenfroh und strahlend das Leben sein kann.

Diese Lebensqualität (oder auch Zeitqualität) lädt euch zum Tanzen ein, zu einer spielerischen Form des Seins, die ihr vielleicht bisher noch nicht so empfunden habt und möchte euch daran erinnern wie leicht und wunderbar eure Existenz, euer Dasein sein kann.

Wir fühlen dieses und tanzen mit den Energien, wissend, dass wir uns mit ihnen auf einer Ebene befinden, reiten auf den hohen Wellen der jetzigen Seins Energie.

Deshalb sind wir es auch so oft, die euch als unsere geliebten Mitwesen und Mitschöpfer berühren und euch wissen lassen möchten wie leicht Hingabe sein kann.

Hingabe an das Leben, bedeutet Vertrauen. Wir bitten euch,

nehmt die Aufforderung des Lebens zum Tanz an. Gerade in diesen wunderbaren neuen Energieformen. Und glaubt uns bitte, alles ist möglich in dieser Zeit.

Erinnert euch daran, wie ihr als Kinder wart und wie leicht und unbeschwert ihr euch oft gefühlt habt.

Ihr werdet sagen: Ja, aber das Leben kommt immer wieder mit Herausforderungen und mit Grenzsetzungen, bremst uns immer wieder aus.

Und wir sagen euch: Die Herausforderungen sind eine Aufforderung, eine Aufforderung zum Tanz, zu einem Neubeginn. Ihr bekommt die Möglichkeit eure Grenzen zu erweitern, indem ihr sie bewusst erkennt.

Tanzt mit euren Herausforderungen und vielleicht stellt ihr dann ja fest, dass ihr eure Grenzen längst überschritten habt. Spürt einmal hinein, wie es sich anfühlt. Ein neues Terrain zu betreten und sich bewusst umzuschauen, zieht immer eine Neuorientierung nach sich. Sich bewusst werden und Neuorientierung gehen Hand in Hand.

Traut euch und nehmt die Herausforderung an, euch im immer stärker werdenden Licht bewusst gegenüber zustehen und im Tanze mit euren Zweifeln und Ängsten vor Veränderung diese spielerisch loszulassen, um dann fest zu stellen, wie wunderbar und bereichernd die Erweiterung eurer Grenzen sein kann.

S elbstlos ist der Lichterschein,
erhellt dein Herz
und macht dich rein

All jenes, was dich hat betrübt,
sich nun im Tanze vor dir wiegt.

Der Tanz, der dir die Freude bringt
und deine Grenzen neu berührt.

So schafft er die Erweiterung,
schafft Neues und Veränderung.

Im Raum, den dir dein Tanz erschafft,
du nun erkennst die eigene Kraft,
die dich als Partner hat erkannt
und deine Seele neu entflammt.

Vereinte Welt

Zugehörigkeit, geliebte Menschen: Was bedeutet euch dieses? Ist es ein Gefühl? Sind es die Umstände, die euch dadurch suchen lassen? Oder ist es nur ein Begriff, eine Metapher in dieser Zeit, um euch gegenseitig aufzuzeigen, dass ihr durch andere Menschen, oder Umstände einen Schutz um euch und eure persönlichen Situationen ziehen konntet?

„Zu jemandem zu gehören" schafft ein Gefühl von Sicherheit? Ist es nicht so? Und desto stärker und miteinander verwoben und vertrauter die Gruppe ist, der ihr euch anschließen könnt, desto sicherer und stärker fühlt auch ihr euch.

Was bringt euch dazu, euch bewusst anderen Gruppen anzuschließen, die anscheinend dieselben Interessen und Werte verfolgen? Ist es das Gefühl in dieser geschaffenen Gruppeneinheit besonders viel erreichen zu können, ja vielleicht besonders viel für die Welt, eure Umwelt erreichen zu können, oder ist es der Wunsch danach euch als Einzelwesen akzeptiert und anerkannt, gesehen zu fühlen?

Es ist in der Tat so, dass Zusammenschlüsse von Menschen und Gruppenbildungen großartige Erfolge in ihrem Tun und Handeln vorweisen können. Und es ist in der Tat so dass Energien von menschlichen Wesen, die sich bündeln, eine Intensität entwickeln können, die in ihrer Einzigartigkeit und Klarheit ein Umdenken im Kollektivbewusstsein eures Planeten bewirken können.

Doch ist es insbesondere in einer Gruppendynamik wichtig, dass sich jeder einzelne Mensch immer wieder in seinem eigenen Denken, Tun und Handeln und nicht zu vergessen in seinem Gefühl zu sich selbst und zu seiner Umwelt überprüft, um erfolgreich in der Gruppe gemeinsam mit allen anderen, Erfolge und damit Weiterentwicklung erzielen zu können.

Jedes einzelne Gruppenmitglied ist aufgefordert, stetig an sich selbst zu arbeiten, um sich bewusst mit all seinen individuellen Fähigkeiten einzubringen.

So möchten wir euch bitten immer wieder bewusst hineinzuspüren, denn – wie ihr sagen würdet -: Alles hat seinen Preis? Was bezahlt ihr, wenn ihr euch einbringt, als das was ihr seid? Und was bekommt ihr als Gegenleistung? Energie befindet sich in einem immerwährenden Austausch. Nichts geschieht im Leben, ohne eine Gegenreaktion.

Spürt einmal hinein, was ihr empfindet, wenn ihr euch voll und ganz mit Herz und Verstand in eine Sache einbringt? „Wenn ihr eure „Arbeit" gut gemacht habt? Reicht das Lob vom Chef oder das Lob anderer Gruppenmitglieder aus? Oder ist es nicht auch ganz abgesehen davon wunderbar und bereichernd zu spüren wie glücklich, ausgeglichen und verbunden, ihr euch wahrscheinlich in solchen Momenten fühlt.

Es ist wie ein kleiner „Sieg" oder? Ein Sieg, der eurer Herz berührt und euch aufzeigt, wie sehr ihr euch in diesem Moment verbunden fühlt, verbunden mit euch selbst und damit auch verbunden mit anderen.

Unsere gemeinsame Welt, ihr mögt sie noch Umwelt nennen, aber es handelt sich um unsere gemeinsame Welt, denn jeder von uns trägt zu ihrer Schönheit und Existenz bei.

Nun, von dieser gemeinsamen Welt, gibt es keine Trennung mehr, denn wir alle sind ein Teil von ihr. So viele unterschiedliche Gruppierungen hat es schon gegeben und gibt es immer noch. Und so viele Unterscheidungen gibt es noch, die auch namentlich festgelegt worden, um euch die Trennung eurer selbst zu eurer „Umwelt" zu verdeutlichen.

Aber es ist nur noch eine Pseudotrennung, die ihr in euren Büchern festgelegt habt.

Oh, ihr lieben Menschen, bitte versucht, einmal, oder anders: Schließt bitte einmal die Augen. So! Und nun stellt euch vor: Ihr könntet nicht nur weit sehen, sondern euer Blick würde alles umfassen und eurer Herz würde dadurch auch alles erkennen.

Wie würdet ihr euch in einer „Kleinstgruppe" dann innerhalb dieser großen Einheit fühlen?
ABGETRENNT, oder?

Auf einmal wäre die Gruppe, der ihr euch im Bewusstsein angeschlossen habt, dazu zu gehören mit euren Fähigkeiten klein und begrenzend, weil ihr so viel Neues wahrnehmen würdet.
Eine Erweiterung eures Bewusstseins würde stattfinden und mit diesem neuen Bewusstsein, würdet ihr von einem neuen Blickwinkel aus eine „VEREINTE WELT" erkennen, mit der ihr – weil ein Teil von ihr – auf ewig verbunden seid.

*E*uer Leben euch nun offenbart,
Bereitschaft, die das Herz bejaht,
die Erweiterung auf neuen Wegen,

kann nicht nur das Herz,
sondern eure Seelen bewegen.

Die miteinander sich vereinen,

um Energien des Lichtes zu leiten
in die neue Welt des Lichts,
die sich erschließt in gemeinsamer Sicht.
Um euch zu bestärken in eurem Tun
und Hand in Hand im Kreise nun

zu erkennen was ist Gemeinsamkeit
im großen Kreis der Unendlichkeit.

Unabhängigkeit im Geiste

Dieses Zeitalter geliebte Menschen hat euch so viel mehr zu bieten, als ihr es euch zu erträumen wagt.
Welche Wünsche und Hoffnungen verbindet ihr mit dieser Zeit, in der ihr jetzt lebt?

Traut euch nur zu wünschen und nehmt eure Wünsche und Träume bitte sehr, sehr ernst, denn letztendlich sind sie es, die eure Zukunft gestalten. Jeder Gedanke, den ihr auf die Reise bringt, insbesondere, wenn es sich um bewusste Gedanken handelt, ist bereits dabei die neuen Ufer und Landschaften zu erkunden, die ihr kreiertet. Ihr wisst, geliebte Wesen, dass andere Menschen eure Gedanken noch nicht lesen können, sie jedenfalls nicht so in ihrem Wortlaut erahnen können, wie ihr sie mit der Freigabe eurer Gehirne aussendet.

Und doch ist es so, dass auf unbewusster Ebene, auf der Ebene, die über eure Verstandesebene hinausgeht, jeder einzelne Gedanke bereits sein Ziel erreicht hat, das ihr ihm zugedacht habt.

Gedanken reisen mit Lichtgeschwindigkeit und sind dadurch so unglaublich schnell und wenig kalkulierbar, wie es das Licht ist. Auch sie bestehen aus reiner Energie. Habt ihr euch schon einmal gefragt, woraus Gedanken bestehen??? Sie sind ebenfalls für eure Augen unsichtbar, nicht wahr?? Sie sind auch nicht fühlbar. Aber sie sind doch da und manchmal, selbst von euch als Urhebern selbst, sehr schwer unter Kontrolle zu bekommen.

Oder warum geht es euch sonst so oft so, dass ihr vor lauter Gedanken in euren Köpfen des Nachts nicht schlafen könnt?

Ist es denn nicht oft so, dass euer Herzschlag sich beschleunigt, wenn euch bestimmte Gedanken oder Erinnerungen durch den Kopf gehen, an denen euer Herz beteiligt war?

Glaubt uns bitte geliebte menschliche Mitwesen, dass ihr aus reiner Energie besteht. Die Elemente Feuer, Wasser, Luft und Erde tragen dazu bei, dass ihr euch über euren Körper in der Materie erfahren und entwickeln dürft.

Aber euer Grundstein, eure Grundsubstanz ist reines Licht, reinste Energie.

So mögt ihr euch in der Materie abhängig fühlen, da euer Körper sich dem Stand eures jetzigen Daseins noch angepasst hat. Doch im Geiste, geliebte Wesen, seid ihr vollkommen frei eure Welt zu erkunden und unabhängig von inneren und äußeren Strukturen.

Ihr seid vollkommen unabhängig euch mit Hilfe eurer Gedanken eure eigene Welt zu kreieren und für euch ein Muster festzulegen, mit deren Hilfe, ihr im Einklang mit euren Körpern, euer Leben in der Materie führen wollt.

Wie hört sich das für euch an? Nach Zukunftsmusik? Ihr bestimmt eure Zukunft und diese, eure Zeit beginnt genau jetzt. Im Hier und Jetzt! In jedem einzelnen Moment.

Ihr seid immer wieder frei aus eurer ursprünglichen Energie heraus, aus der Schönheit eures Geistes mit Hilfe eurer Gedanken, euer Leben auch in der Außenwelt so zu kreieren, dass es euren inneren Wünschen und Werten entspricht.

So lebt ihr euch vollständig selbst. Und so wird es geschehen, dass ihr eure Freude über die Realisierung eures „Wunschdenkens" laut in die Welt hineinrufen werdet, so dass auch andere Menschen sich inspiriert fühlen werden, sich auf ihren eigenen Weg zu begeben.

*D*er Gesang des Windes nun,
sich zeigt durch euer gemeinsames Tun,
sich wiegt in den Zweigen der
Entschlossenheit.

Aus Gedanken geboren und wieder
vereint,
die Flüchtigkeit am Wege sich schafft
Pfade der Freiheit aus eigener Kraft
die zusammen sich winden
und nebenbei,
erschaffen Ziele für Pfeile dabei.

Für Pfeile der Liebe und Gemeinsamkeit,
bewegt von Bögen der Verbundenheit:
Verbundenheit, die nur in Freiheit entsteht:

Der Unabhängigkeit im Geiste, die eure Seele
bewegt.

Gleichgewicht und Wahrheit

Was beschäftigt euer Herz zurzeit am meisten? Was nimmt Gefühl und Verstand in den von euch genannten kritischen Zeiten, oder Krisenzeiten am meisten in Anspruch? Ist es die Angst davor, die Arbeitsstelle zu verlieren? Oder die Angst davor, eurem Ehepartner oder Freunden auf einmal nicht mehr zu genügen? Weil ihr seht, wie sehr sich derzeit eure Umwelt verändert. Fühlt ihr euch oft ausgeschlossen vom eigentlichen Geschehen und habt das Gefühl, dass ihr vielleicht nicht mehr mitspielen dürft, bei Entscheidungen und neuen Wegstrecken, die sich um euch herum aufzutürmen scheinen?

Wie wir es bereits sagten, es mag euch diese Zeit vorkommen wie eine Zeit des Chaos, weil so vieles seinen scheinbaren Stand verliert, den es noch bis vor kurzem zu haben schien.

Doch ist es nicht vielmehr eure eigene Interpretation der Geschehnisse, die ihr aufgrund eurer bisher gemachten Erlebnisse derzeit noch nicht bereit seid in ihrer vollkommenen Gänze zu erkennen?

Bitte vergesst nicht, geliebte Menschen, wie sehr der Großteil von euch, bewusst oder unbewusst dabei ist, Meilensteine zu erschaffen, an denen ihr eure neu einzuschlagenden Wege erkennen könnt.

Durch die sich ständig erhöhenden Energieströme, die euren Planeten und euer gesamtes System durchströmen, werdet ihr noch einmal daran erinnert, euer Gleichgewicht in Verbindung mit eurem Bewusstsein, in dem sich Vergangenheit, Gegenwart und Zukunft vereinen, herzustellen.

Es ist auch für uns nicht einfach neue Formationen zu finden und auch wir sind immer wieder neu dabei, auszupendeln, zu überprüfen, ob alle bisher existierenden Energieformen noch dem Stand entsprechen, der auch uns seit so unendlich langer Zeit begleitete. Viele Naturwesen – und wie gesagt, wir zählen auch die Menschen dazu – haben sich durch den starken Energieeinfall des Lichtes und seiner Intensität gewandelt und neue Aufgaben übernommen.

So gibt es auf eurem Planeten nunmehr Kraftorte, die aufgrund der Anwesenheit und dem Wechsel von Existenzformen der Wesen der Natur, die sich den hohen Schwingungen angepasst haben, im Entstehen sind. Durch euch, geliebte Menschen, können diese Orte zum Leben erweckt werden, indem ihr offenen Herzens die jetzige Natur betrachtet. Seht den jetzigen Wandel in der Natur als ein Zeichen dafür an, dass eine Veränderung immer einem Neubeginn vorausgeht.

Auch die alten Kraftorte eures Planeten haben sich gewandelt. Viele bestehen noch, bzw. tragen noch die „Alt"-Energie vergangener Zeiten in sich. Diese Orte werden oft noch von den Menschen aufgesucht, deren Kraft und Energie sich noch in Übereinstimmung mit dem sich noch im Wandel befindenden Bewusstsein befindet. Aber diese Menschen, die die Energie an diesen Orten zu fühlen imstande sind, werden auch spüren, dass sich die „alte Tankstelle" nicht mehr als so gewinnbringend erweist, wie es zu früheren Zeiten der Fall war.

Ganz langsam, Schritt für Schritt wird es – dem Energiewandel angepasst – eine Entstehung neuer Plätze und Leitlinien geben, die euren Planeten auf den Kopf zu stellen scheinen.

Wenn ihr also spürt, dass sich etwas nicht mehr so gefestigt anfühlt, wie es noch in früheren Zeiten – oder vielleicht sogar noch gestern – der Fall war, dann verzweifelt nicht, liebe Mitwesen. Für euch ist es wichtig die Augen offen zu halten auf eurem Weg und bewussten Schrittes weiter voran zu gehen. Auszutarieren, wo ihr euch in dieser sich wandelnden Zeit als sichersten fühlt und ohne Anstrengung euer Gleichgewicht halten könnt.

Geht erhobenen Hauptes weiter, wenn ihr die Sicherheit unter euren Füßen spürt und schaut, wer euch auf diesen neuen Wegen begegnet. Schaut diesen Menschen geradewegs in die Augen und begrüßt sie als neue Weggefährten. Es ist unbedingt notwendig, dass ihr eure Ängste, Wünsche und Träume in dieser Zeit ernst nehmt, damit ihr euch, solltet ihr auf eurem Weg aus dem Gleichgewicht kommen und straucheln, wieder von allein aufrichten könnt.

Die Aufrichtigkeit euch selbst gegenüber ist die Grundvoraussetzung, damit ihr in diesen stürmischen Zeiten euren Weg als Abenteurer und Entdecker gehen könnt. Lernt aus euren Stürzen oder kurzzeitigen Beeinträchtigungen und begebt euch dann im neuen Gleichgewicht mit Körper, Geist und Seele wieder auf euren Weg, um mit eurer gelebten Wahrhaftigkeit euren eigenen Weg mit dem Weg anderer Wesen in Einheit beschreiten zu können.

S o viele Wege euch nun zeigt,
der Wandel und das Licht in dieser Zeit.

Die Möglichkeiten sind groß,
die Entscheidung oft schwer,
welchen Weg ihr geht und welchen
verschmäht.

Das was vertraut war, scheint oft
so weit
und das Neue noch nicht an der Zeit.

In so vielen Gesichtern sich nun zeigt,
Hoffnung, Angst, der Wunsch nach
Geborgenheit.
Geborgenheit, die ihr in euch tragt und
sich als Spiegel nach außen wagt.

Nur zu erkennen fällt euch noch schwer,
was euch der Spiegel offenbart als eure eigene
Mähr.

Die Geborgenheit, die ihr im Außen sucht,
tief in euch wohnt und den Weg zu euch sucht.

So traut euren Herzen auf dem jetzigen Weg.

Das Herz erkennt, was der Verstand
verschmäht:

Auf eurem Weg euch begleitet Stück für Stück
die Geborgenheut eurer Seele mit.

Wenn ihr habt erreicht einen festen Stand,
ihr durch das neue Gleichgewicht im ständig
einströmenden Licht,
auch endlich habt erkannt,
dass Wahrheit es ist, die euer Herz euch sandt.

Der Sturm der Transformation

Liebe Menschen! Wie oft wacht ihr morgens auf, schaut in den Himmel und wünscht euch, das Wetter wäre heute schöner, die Sonne würde scheinen, es wäre nicht zu heiß und nicht zu warm. Es würde etwas Wind gehen, aber es wäre auch nicht zu stürmisch.

Ja und manchmal ist es vielleicht sogar so, dass ihr euch wünschen würdet, es würde endlich regnen, weil es ja so lange nicht mehr geregnet hat. Die Gärtner unter euch, ihre Beete sonst immer wieder wässern müssen, oder es sogar manchmal so ist, dass ihr euch wünscht, die Sonne würde nicht scheinen, damit das Wetter eurer depressiven Stimmung angemessen ist und euch somit unterstützt, an manchen Tagen das Haus nicht zu verlassen.

Es gibt so viele verschiedene Wünsche, die das Wetter betrifft wie es verschiedene menschliche Regungen gibt.
Aber habt ihr euch schon einmal gefragt, was das Wetter mit euren Wünschen zu tun hat und das die emotionale Kraft eines Wunsches Auswirkungen auf eure Umwelt und damit auch auf das Wetter hat?

Wünsche werden aus Gedanken geboren, die wiederum von Gefühlen begleitet werden. Und in früheren Kapiteln haben wir schon einmal kurz angesprochen, dass Gedanken aus reiner Energie bestehen. Sind diese von starken Gefühlen begleitet, entstehen sogenannte Strudel in eurer Umgebung, bzw. an den Orten, an die ihr eure Gedanken schickt. Sie versuchen sich dort in die bereits vorhandenen Energieströme einzufügen und mit ihnen harmonisch zu verschmelzen.

Alles um euch herum strebt nach Harmonie. Die Natur besteht aus dem, was ihr Harmonie nennt. Aus einem perfekten Zusammenspiel von Lichtenergie und Klängen, die zusammen eins ergeben.
Es gebe sonst auf eurer Erde nicht das Leben, was ihr tagein, tagaus gewöhnt seid. Alles bewegt sich ineinander und agiert (arbeitet) mit einander. Der große Geist der Natur besteht aus vielen einzelnen Energielinien, die zusammen perfekt EINS ergeben.
Die Elemente, die ihr als Menschen kennt: Feuer, Erde, Luft und Wasser sind für uns nicht getrennt voneinander zu sehen, denn sie bilden das Grundgestein eures Planeten und sind letztendlich auch der Grundstock eures menschlichen Körpers.

Ohne die Elemente würde es das Leben, die Natur, die ihr mit euren physischen Sinnen erfassen könnt, nicht geben. Die Materie würde in der euch bekannten Form nicht existent sein.

Nun fragt Ihr euch bestimmt: Was haben die Elemente mit den Energien unserer ausgesendeten Gedanken zu tun.
Ihr wisst, dass die Elemente ebenfalls aus reiner Energie bestehen?
Und dass die Energien sich gegenseitig durchdringen?
Jeder Gedanke, jedes Gefühl, welches ausgesandt wird, zieht eine Gegenreaktion nach sich, zeigt Resonanz im Großen und Ganzen. Meist spürt ihr dieses nicht sofort (insbesondere dann nicht, wenn eure Gedanken unausgesprochen bleiben) und viele, die sich

noch in den vertrauten Bewusstseinszuständen befinden, mögen mit unseren Worten vielleicht auch noch nicht viel anzufangen wissen.

Aber eure Gedanken und Wünsche durchdringen auf dem Weg zu ihrem Empfänger zum Ziel ihrer Reise in ihrer jeweiligen Beschaffenheit, vollkommen unabhängig davon, ob sie positiven oder negativen Ursprunges sind, nicht nur euer Energiefeld, sondern auch die Energiefelder eurer Umgebung. Und so bleibt es nicht aus, dass sie auch die Energien der euch bekannten Elemente auf ihrer Reise durchströmen und sie hinterlassen immer einen „Fußabdruck", so wie ihr Fußabdrücke bei einem Weg, den ihr beschreitet hinterlasst.

Es ist dies ein energetischer Fußabdruck und ihr entscheidet bei der Aussendung darüber, ob dieser Fußabdruck sich mit den euch liebevoll umspielenden Energien vermischen darf, weil er ebenso liebevollen Ursprungs und von hoher Energie ist.
Oder aber, ob er in seiner Negativität eine eher niedrig schwingende Schwere hat, die sich tief in euer Energiefeld und in das Energiefeld euer Umgebung als Schattenkreation einnistet.

Bitte versucht unsere Ausführungen möglichst wertfrei anzunehmen.

Gedanken, die mit Angst besetzt sind, können in ihrer Beschaffenheit keine hohe Energie, kein Licht in sich tragen und werden deshalb eher Schatten in eurer Umgebung hinterlassen.

So viele Begebenheiten und Umstände in dieser Zeit ängstigen euch derzeit noch. Und dieses ist vollkommen verständlich, denn wie wir es vorher schon versucht haben darzustellen, ist dies die Zeit der großen Wandlung auf der Erde. Die „alten" Schattenkreationen dürfen sich nun endlich in den neuen einströmenden hohen Energien auflösen.

Wo unterschiedliche Energieströme aufeinander treffen, gibt es Energiewirbel, die sich euch als Sturm, als Windböen im Außen zeigen. Die die Natur noch einmal aufbrechen lassen, damit sie sich letztendlich neu in ihrer ursprünglichen harmonischen Form erfinden kann.

Wenn also wieder einmal ein Sturm eure Aufmerksamkeit erregt und über euer Land, über euren Planeten fegt, dann erinnert euch bitte daran, dass er in seiner Intensität im Außen alles in seiner Umgebung in Bewegung bringt und durch die durch euch erzeugten Energiewirbel gerade eine große Transformation auf der Erde stattfindet.

Vertraut auf die starken Lichtenergien, die sich stetig erhöhen und auf den Tanz der Elemente um euch herum, die euch mit ihrer Intensität aufzeigen wollen, dass ihr euch im größten Umwandlungsprozess eurer Zeit befindet.

*D*ie Erde seid ihr, sie ruft nach euch:

In tiefer Freude und Resonanz,
sie mit euch zusammen das Leben erschafft.

Das euch begegnet jeden Tag
in Menschen, Tieren und bewussten
und unbewusst
gebliebenen Gedankenformen,
die euch umströmen wie flüsternde Laute,
sich verbinden wollen mit dem
einströmenden Licht.

Und in Liebe wollen erschaffen,
eine Natur, die sich aus allem trägt,
Liebe und Schönheit, die das Herz bewegt.

Kein Schatten soll mehr zeigen nun
durch sein verdunkeltes Gesicht,
dass es Unterschiede gab,
denn die gibt es nicht.

Durch den Sturm der Transformation,
die Einheit sich findet in dieser Zeit
letztendlich in Geduld, Güte und
Menschlichkeit.

Teil II

Die Kraft der Elemente
„Ordnung und Chaos"

Der Auftrag der Erde (Vereinbarungen)

So viel an Kraft durchströmt euch geliebte Menschen. Habt ihr euch schon einmal gefragt woher diese Kraft kommt? Woher die ursprüngliche Kraft kommt, die euch jeden Tag aufs Neue das Gefühl von Lebendigkeit gibt, die euch euren Körper spüren lässt? Ist es die reine Mechanik eurer so perfekt konstruierten Körper? Und wie kommt es, dass es die „Natur" geschafft hat, eure Körper so zu erschaffen, dass ihr euch eure Existenz aus dem Zusammenspiel eurer Organe erklären könnt. So könnt ihr von euch sagen: *„Natürlich kann ich denken, ich habe ja auch ein Gehirn. Selbstverständlich kann ich laufen, denn ich habe ja zwei Beine. Und ja, mein Herz pumpt das Blut, mein Lebenselixier durch meinen Körper.*

Ich wäre sonst nicht am Leben. "

Aber aus welchen Bausteinen besteht das Leben, das körperliche Leben, das ihr aus der Materie kennt und das ihr noch so sehr braucht, um euch selbst als Lebe-Wesen zu erfahren?

Euer Planet selbst trägt das Leben in sich. Ohne die „Erde", Gaia genannt, wäre keinerlei Lebensform in der euch bekannten Materie möglich. Eure Nahrungsgrundlagen entspringen ihr. Die euch bekannte Natur wird aus ihr geboren und gibt in Form ihrer Früchte und Pflanzen die Lebenssubstanz an euch und direkt oder indirekt an jede andere, euch bekannte Lebensform weiter. Die sogenannten Fleischfresser könnten ohne die Pflanzenfresser nicht leben und die sich lediglich von Pflanzen ernährenden Wesen wären ohne die Gaben der Erde nicht lebensfähig in der euch bekannten Form.

Ihr seid in eurer Lebensform nicht nur mit der Erde auf eine besonders liebevolle und nährende Weise verbunden, sondern ihr besteht dadurch zum Großteil auch aus ihren so wichtigen und lebensspendenden Bausteinen.

Viele sogenannte Urvölker sind sich der Erde als nährende, schützende und liebende Planetenform auch bewusst und nennen Sie deshalb liebevoll „Mutter Erde".

Eine Mutter hat den Auftrag ihre Kinder zu beschützen, zu nähren und sich, um sie zu sorgen, bis sie alt genug sind, ihr eigenes Leben zu leben. Könnt ihr euch vorstellen, dass euer Planet ein eigenständiges lebendiges Wesen mit einer hohen Intelligenz ist, dass sich vor seiner Entstehung vorgenommen hat, die Entwicklung der Menschheit mit seiner ganzen Kraft und Energie zu unterstützen und zu begleiten, bis die Zeit gekommen ist, da ihr in das Erwachsenenalter eintretet? Euch spirituell und geistig soweit entwickelt habt, dass ihr den Wandel in dieser Zeit unbeschadet und mit so viel Leichtigkeit wie möglich überstehen könnt?

Denn das hat „Gaia" für euch getan. Sie hat sich euch als Mutter zur Verfügung gestellt, um euch Nahrung, Schutz und Kraft zu geben, damit ihr Erfahrungen in der Materie sammeln könnt. Euch immer wieder in unzähligen Inkarnationen neu erfinden und lernen könnt.

Doch nun ist der Zeitpunkt gekommen, an dem die Erde sich im

Wandel der Zeit in ihrer Schwingung und damit in ihrer Form soweit verändert, dass sie sich aus der euch bekannten Materie erhebt.

Die Erde tritt in eine andere höher schwingende Energie ein und ihr spürt dies auch an dem sich ständig verändernden Klima. Der Klimawandel, der euch derzeit noch ängstigen mag, ist in der Tat ein Zeichen dafür, dass Veränderungen auf eurem Planeten geschehen. Diese Veränderungen sind vor – für eure Verhältnisse undenkbar langer Zeit – mit der Seelenform, die ihr Erde oder auch „Gaia" nennt, abgesprochen worden. Auch wir, die wir in unserer Existenzform uns vorgenommen haben, Gaia bei ihrem Auftrag zu unterstützen, sind von diesen Veränderungen betroffen.

Euch machen diese Veränderungen vielleicht Angst, aber auch nur, weil ihr – wie kaum ein anderes Wesen - in eurer Existenzform von ihr abhängig seid. Euch wird nun bewusst, wie sehr ihr durch euer Tun und Lassen in den vergangenen Äonen euren Planeten, eure „Mutter" beeinflusst habt. Wie sehr es in der euch bekannten Vergangenheit um die Ausbeutung eures Planeten ging. Euch wird nun bewusst, wie sehr ihr mit eurer Mutter, die euch am Leben hält, verbunden seid.

Und dass ihr gute nahrhafte und lebensunterstützende Nahrung nur von einem gesunden und kraftvollen Planeten erhalten könnt. Ihr lieben Menschen, wir können gut nachvollziehen und verstehen auf unsere Weise wie sehr verlassen und bedroht ihr euch fühlen müsst, weil ihr das Gefühl habt, eure Nahrungsgrundlagen werden euch alsbald entzogen. Aber versucht bitte zu verstehen, dass gerade diese Zeit – und wir sagten es bereits in vorangegangenen Kapiteln – ihren Sinn, im Wunsche einen Bewusstseinswandel bei euch zu erwirken, in sich trägt.

Ihr, als Kinder der Erde solltet endlich erwachsen werden. Und mit Erwachsensein meinen wir die spirituelle ausgereifte Form (und keinen Unterschied zwischen kleinen und großen Menschen). Und Erwachsen werden, können Wesen nur durch Lernprozesse, oder?
Diese Lernprozesse habt ihr in so vielen Inkarnationen perfektioniert.

In dieser Zeit geht es nun – ihr würdet sagen – ans „Eingemachte". Es geht um euer Überleben in eurer körperlichen Form und ja, es geht auch darum, eurer für euch sorgenden Mutter, etwas an Liebe und Aufmerksamkeit zurück zu geben, die sie euch in der Vergangenheit gegeben hat.
Eure Erde befindet sich – genauso wie ihr – durch die sich immer stärker erhöhenden Energien im Aufstiegsprozess. (Erinnert ihr euch? Ihr besteht, wie wir, aus reiner Energie).

Durch liebevolle Taten, die dem neuen Bewusstsein entsprechen, erhöht ihr eure Energie und damit auch die der Erde. Und mit weniger hoch schwingenden, sogenannten negativen Taten, zieht ihr die Erde und damit euch selbst immer wieder zurück in eine Zeit, die euch nicht mehr angemessen ist.

Gaia ist sich ihrem Auftrag bewusst, euch unbeschadet in die neue Zeit mit zu nehmen. Sie wird alles dafür tun, um ihre Kinder nicht im Stich zu lassen. Es ist nun an euch, ihr zu folgen, oder allein zurück zu bleiben, indem ihr euch zu sehr an die Vergangenheit klammert.

Dieses soll nur ein erster kleiner Einstieg sein, um euch in eurer Bewusstseinserhöhung in Verbindung mit „Mutter" Erde zu unterstützen.

*I*n grenzenloser Liebe sich zeigt
das Element Erde unendlich weit.

Wie eine Mutter sie beschützt
euch als Wesen.

Und euer körperliches Glück,
sie begleitet Stück für Stück;
wenn ihr gebt ihr Gelegenheit,
sich zu wandeln in dieser Zeit.

So nehmt an ihre euch beschützende Hand
und begreift, was sie euch in Liebe sandt.

Vertraut ihr und verzaget nicht;
denn als Mutter ihr Wunsch ist groß,
euch zu schützen in ihrem Schoß;

euch zu trösten und bei euch zu sein;
euch zu geben ein liebendes Heim.

Bis ihr als Wesen euch erhebt
und in eurer eigentlichen Größe weiter geht.

Ihr weiter geht auf eurem Weg
und die Verantwortung für euch selbst
übernehmt.

Der Gesang des Windes (Entfaltung des Seins)

Ihr lieben Menschen! Habt ihr schon einmal bewusst beobachtet wie sich ein Blatt im Wind bewegt, oder ein Grashalm? Wie die Natur sich mit den Elementen treiben lässt und so grenzenloses Vertrauen signalisiert? Wie Blatt oder auch Grashalm sich anpassen und sich je nach Windgeschwindigkeit und Richtung berühren und durchdringen lassen? Wie sie euch Menschen durch ihre Bewegungen, die sich euch in diesem Augenblick offenbaren, die Windrichtung aufzeigen?

Wir sind – wie ihr – Wesen dieser Erde und werden – wie ihr – durchdrungen von den Elementen. Doch ist es für uns unnötig, die Materie zu betrachten, damit uns bestimmte Situationen aufgezeigt und offenbart werden. Wir leben durch und mit der Natur, empfinden keine Trennung, sind ein Teil der Elemente, sowie wir auch ein Teil von euch sind. Für uns existiert die Materie nicht in dem euch bekannten Sinne, weil wir sie nur als verdichtete Energie empfinden. Eine Bewertung ihrer Äußerlichkeiten ist uns deshalb fremd und für unsere Existenz im Großen und Ganzen unwichtig.

Wir nehmen sie lediglich als Teilbausteine wahr, die in ihrer Energieform in einer bestimmten Verdichtung bestehen, damit ihr sie mit euren physischen Sinnen erkennen könnt.
Auch eure Körper bestehen aus einer energetischen Verdichtung

und aus vielen einzelnen Bausteinen, die sich in ihrer Erschaffung und Eigenheit als kleines Wunderwerk mit Hilfe der Elemente zusammenfügten.

Wie wir es schon in früheren Kapiteln betonten, seid ihr ein Teil eurer Umwelt, besteht aus ihr, seid mit ihr verbunden und damit auch durchdrungen von ihrer Energie.

Durch die stetige Erhöhung der Energie durch den Transformationsprozess in dieser Zeit, verändert sich auch die energetische Zusammensetzung eurer physischen Körper. Schritt für Schritt und je nach euren persönlichen Entwicklungen auf geistig-seelischer Ebene, sind auch eure körperlichen Ebenen betroffen.

Wenn ihr euch jetzt fragt: „Was hat das mit dem Element „Wind" zu tun?", fragen wir euch: Wie empfindet ihr den Wind in dieser Zeit? Nehmt ihr ihn deutlicher wahr als früher? Ist er für euch intensiver geworden? Ja fühlt ihr euch vielleicht manchmal sogar bedroht?

Seid ihr in dieser Zeit nicht **mehr** aufgefordert, seine Energie, Stärke und seine Auswirkungen auf eure Umwelt, unsere gemeinsame Natur zu betrachten, durch die euch durch eure Medien aufgezeigten Naturkatastrophen und das dadurch entstandene menschliche „Elend"?

Und seid ihr denn nicht mehr denn je, zum Handeln aufgefordert? Und sei es durch Spendenaufrufe oder persönliche Unterstützung betroffener Gebiete.

Ihr lieben Menschen, wir wissen, dass ihr dieses nur bejahen könnt.

Wenn ihr nun den Eingangstext dieses Kapitels lest und euch an das Blatt im Wind, das sich vertrauensvoll dieser Stärke und Macht anpasst, erinnert, könnt ihr euch vorstellen, euch ohne Ängste und ebenso vertrauensvoll in dieser Zeit treiben zu lassen?

Ist es denn nicht leichter den Wind im Rücken zu haben und mit seiner Hilfe vorwärts zu schreiten, als sich ihm von vorne kommend als Gegner gegenüber zu stellen. Die Energie des Windes, geliebte Freunde, möchte euch durchdringen und anerkannt werden als ein Teil der Elemente, aus denen ihr besteht. Er möchte euch durchdringen und euch bei diesem großen Transformationsprozess die größte Unterstützung geben, indem er alles euch bekannte erst einmal durcheinander wirbelt und euch damit die Möglichkeit der Neufindung gibt, die ihr in dieser Zeit so dringend benötigt, um euch angemessen weiter entwickeln zu können.

Es ist für eure sogenannten Wissenschaftler noch niemals so schwer gewesen, Wetter und Windrichtungen langfristig zu bestimmen. Denn der Wind hat sich in der Vergangenheit selten so schnell gewandelt und Richtungswechsel vorgenommen wie in dieser Zeit.
Alles was euch vertraut schien, scheint nun auf den Prüfstand zu gelangen und je mehr ihr euch gegen den Wind stellt, desto anstrengender ist es eure Position zu wahren. Und so wird euch z.B. aufgezeigt, wie viel Kraft es euch kosten kann, in alten Situationen und Beziehungen zu verbleiben, in denen ihr euch vielleicht schon lange nicht mehr zu Hause fühlt, die ihr aber aus Gewohnheit nicht aufgeben wollt.

Wir können euch nur sagen, ergebt euch der Leichtigkeit des Windes und lasst euch durchdringen von den neuen Energien der Transformation. Mit Unterstützung des Windes, der für jeden von euch eine eigene (eure eigene individuelle) Melodie spielt, werdet ihr euch selbst auf eine ganz besondere Weise neu kennen und schätzen lernen.

Viele von euch werden Fähigkeiten entdecken, die euch vielleicht neu erscheinen mögen und ihr denkt: Oh, woher kommt z.B. mein Wunsch zu malen, zu musizieren, politisch tätig zu sein oder zu heilen auf einmal?

Oh ihr Lieben, es ist unnötig darüber nachzudenken, denn das alles sind keine „vom Himmel gefallenen Fähigkeiten". Es sind dieses Fähigkeiten, die tief in eurer Seele, in eurem hohen Selbst seit für euch unendlich langer Zeit vorhanden sind und nur auf den Weckruf dieser Zeit gewartet haben.

So bitten wir euch, nehmt die grenzenlos liebevolle Unterstützung des Elementes Wind an, der euch als ein Teil von euch unter die Arme greifen und euch daran erinnern möchte, dass ihr so unendlich mehr seid als nur Bewohner dieser Erde.

Ihr seid unsterbliche Wesen, denen jetzt in dieser Zeit, die Möglichkeit der Offenbarung ihres Potentials geboten wird.

Alle Möglichkeiten der Unendlichkeit warten auf euch. Ergreift sie.

U nablässig zeigt sich nun
in der Bewegung des Windes
die Transformation:

Alles das was euch vertraut erscheint,
bekommt ein neu gewebtes Kleid,
um sich zu präsentieren und euch zu zeigen,
welche Vorsätze gehen und welche
bleiben.

Was sich zeigt euch im neuen Licht,
um mit euch zu entdecken
Fähigkeiten, die sich
tief in eurer Seele befanden.

Dies alles ist der Wandel der Zeit,
zu zeigen euch selbst im strahlenden Kleid.

Das Potential, das in euch ruht,
der Gesang des Windes mit Stärke und Kraft
in neuer Fassung für euch schafft.

Die Reinheit des Feuers (Im Handeln sein)

Ihr lieben Menschen, es ist wahrlich keine Leichtigkeit eine Überschrift für dieses Kapitel zu finden, denn das Element Feuer ist so vieles mehr als dass wir es mit einem kurzen Satz betiteln könnten. Auch bei den vorhergehenden Elementen Erde und Wind ist es eine Herausforderung gewesen, die richtigen Worte zu finden, damit ihr mit so viel Einfachheit wie möglich versteht, was wir euch sagen möchten.

Deshalb werden unsere Formulierungen vermutlich in ihren Ausführungen des Öfteren hin und her springen.
Als was würdet ihr das Feuer bezeichnen? Wie sind eure Wahrnehmungen zu diesem Element? Ist es die Wärme, die euch fasziniert? Sind es die sichtbaren Flammen, die euch mit ihrer Schönheit in ihren Bann schlagen? Ist es seine Wildheit und Unberechenbarkeit? Oder ist es vielleicht die Tatsache, dass ihr glaubt, dieses Element mit Hilfe von euch zur Verfügung stehenden Feuerzeugen, Streichhölzern oder besonderen Feuerstätten unter Kontrolle halten zu können?
Die Fähigkeit zu spüren, alles im Griff zu haben?

Das Feuer wird in seiner Eigenart sehr vom Element Wind (oder auch Luft) beeinflusst. Ohne Sauerstoff, kann keine Flamme existieren und keine Wärme entstehen. Was würdet ihr tun, ohne die Möglichkeit euch Wärmequellen erschaffen zu können. Die Sonne stellt eure größte Wärmequelle und Energieversorgung dar, aber in den Breitengraden eures Planeten, in denen es aufgrund der klimatischen Verhältnisse weniger Sonneneinstrahlung gibt, seid ihr zumindest in der Herbst und Winterzeit auf eine Eigenversorgung durch eine gewisse Wärmezufuhr in euren Häusern angewiesen.

In den vorhergehenden Kapiteln haben wir bereits angesprochen, dass ihr genauso wie alle anderen Lebewesen aus reiner Energie und eure Körper aus den Bausteinen der Elemente Erde, Feuer, Wasser und Luft (Wind) bestehen.
Habt ihr euch schon einmal gefragt, weshalb ihr eine bestimmte Körpertemperatur haben müsst, um gesund und damit handlungsfähig zu sein? Krankheit entsteht, wenn die Temperatur eurer Körper entweder zu stark ansteigt (ihr nennt dieses Fieber) oder aber, wenn sie zu stark absinkt und ihr beginnt zu frieren.

Um in der „Tat" zu bleiben, was bedeutet, dass ihr auf Situationen angemessen reagieren und euch euren gewünschten Tagesablauf gestalten könnt, benötigt ihr Kraft, Willensstärke und Durchsetzungsfähigkeit. Was nicht bedeutet, dass ihr andere Wesen unterdrücken solltet. Aber ihr benötigt diese Durchsetzungsfähigkeit jeden Tag und wenn es nur die Auseinandersetzung mit euch selbst betrifft. Das morgendliche Aufstehen, der Weg zur Arbeit, die Bewältigung des Alltags. Für Situationen, die massive Änderungen und besondere Aufgabenstellungen von euch verlangen, benötigt ihr sogar noch mehr Kraft und Energie.

Das Element Feuer brennt in euch wie eine kleine Flamme, die ihr je nach Belieben schüren und euch damit in bestimmten Situationen anheizen könnt, damit ihr vielleicht „lang ersehnte Wünsche" endlich in die Tat umsetzen könnt.
In jedem von euch ist diese kleine Flamme vorhanden, die je

nach eurer Gefühlslage und Lebenssituation auf ihren Einsatz wartet. Die Wechseljahre zeigen insbesondere euren weiblichen Wesen auf, wie viel Kraft und unendliche Energie noch in euch steckt. Diese Zeit ist eine großartige Zeit für euch Frauen, auch wenn ihr sie vielleicht oft als störend und einschränkend wahrnehmen werdet.

Aber sie fordert euch noch einmal auf euch in eurer Vollständigkeit und Kraft zu entdecken, indem das Feuer in euch eure Lebensgeister noch einmal in ihrer ganzen Intensität erwecken.

Unruhe macht sich in dieser Zeit in euch breit, ausgelöst durch das innere Feuer, das sich nun noch einmal zeigen möchte. Und insbesondere zeigt es sich bei den Frauen, die sich in ihrer eigentlichen Kraft in der Vergangenheit zurückgehalten haben. Es ist noch einmal eine große Aufforderung, euch in eurer ganzen Kraft zu entdecken.

Das Feuer zeigt sich hier ganz klar durch Hitzewallungen und entsprechenden körperlichen Reaktionen wie Schweißausbrüchen oder stärkeren Wahrnehmungen eurer Herzensebene.

Viele von euch verlieben sich noch einmal neu in dieser Zeit oder suchen sich noch einmal ein anderes Ziel.

Diese Zeit wird unseres Wissens nach in eurem Erleben wenig gewürdigt, stellt sie doch eine große Umbruchsituation dar.

Wer sein Feuer bis zu diesem Zeitpunkt noch nicht wahrgenommen hat, bekommt in den Jahren des „Wechsels und der Neuorientierung" die Möglichkeit dazu. Auch bei den Männern, aber auch hier nicht bei allen Männern, macht sich zu einer bestimmten Zeit die Feuerenergie noch einmal bemerkbar. Ihr nennt diese

Zeit „Midlife-Krise" Doch ist es lediglich eine Zeit wo auch noch einmal zum Ausdruck kommen soll, was lange Zeit nicht ausgelebt wurde. Der Hormonhaushalt eurer Körper wird hauptsächlich vom Feuerelement gesteuert.

In dieser Zeit des großen Wandels, der Transformation auf allen Ebenen, unterstützt das Element Feuer euren persönlichen Entwicklungs- und Wiederentdeckungsprozess, indem es euch in die Aggression – in die Tatkraft – führt.
So bitten wir euch, diesen Prozess mit offenem Herzen und furchtlos anzunehmen. Solltet ihr euch dem Überschwang eurer Gefühle ausgeliefert fühlen, erinnert euch daran, dass letztendlich ihr die Meister/Meisterinnen seid, und euer inneres Feuer jederzeit wie einen Kocher auf dem Herd regulieren könnt.

Es ist so wichtig, dass ihr bewusst wahrnehmt, geliebte Wesen, was in dieser Zeit mit euch geschieht, welche wunderbaren Prozesse in eurer Seele und damit auch in euren Körpern vor sich gehen. Die Zeit des unbewussten Handelns ist vorbei. Alles um euch herum/um uns herum hat eine neue Qualität und Intensität bekommen.

Verlasst euch auf eure innere Flamme, die euren Körper und eure Seele mit Wärme versorgt und nutzt diese Wärme, um mit den von euch zu regulierenden Temperaturen euer Leben in der von euch gewünschten Qualität führen zu können.

S oviel Stärke so viel Kraft
das Element Feuer für euch schafft.

Was sich in euch bewegt wie ein Sturm,
sich auftürmt zur inneren Sensation.
In Form von Auseinandersetzung sich zeigt:
Handlung, Tun und Willenskraft.
Verbrannt werden Ängste
und Unterlass.

Transformiert mit Hilfe der Flamme
und des Windes im Licht,
was euch abhält vom Tun
und zeigt euer wahres Gesicht,
das in Schönheit sich offenbaren
möchte.

Und transformiert jede Einschränkung,
die euch in ihrer Begrenzung noch hält,
damit die Flamme mit ihrer Kraft
in Freiheit euch neue Lebensumstände erschafft.

Die Klarheit des Wassers (Bewegung und Ursprung)

U rsprung, Bewegung und Ankommen geliebte Menschen. Was bewegt euer Herz denn am meisten in dieser Zeit? Ihr spürt den Wandel, die stetige Bewegung, die Strömungen, die euch so neu erscheinen und so viele von euch ängstigen und in ihren Grundfesten erschüttern können. Was treibt euch an, gibt euch die Gewissheit, dass ihr euer Leben fortführen könnt, auch wenn so vieles um euch herum auf den Prüfstand gekommen zu sein scheint?

Viele von euch Menschen sprechen davon, dass nichts mehr so ist, wie es einmal war. Einige von euch sagen: Früher war es besser, da war die Zeit noch nicht so schnelllebig. Wir waren noch nicht so getrieben und der Hektik ausgeliefert wie in dieser Zeit, wo alles nicht schnell genug, nicht gut genug, nicht weit genug und nicht schön genug sein kann.

Ihr lasst euch von Internet, Massenmedien, immer wieder neu zu entdeckenden Technologien und im Gegenzug davon von Klima-Wandel, Massentierhaltung und Müllproblemen von einem Extrem zum anderen treiben und fühlt euch so oft zerrissen, ja und auch manchmal hilflos im Herzen den euch selbst gestellten Herausforderungen ausgeliefert.

Was ist Wasser ihr Lieben, woraus besteht dieses wunderbare Element und was hat es mit eurem Leben, euren Lebensumständen zu tun? Wasser wird von euch so oft umgangssprachlich – ja und auch in eurer Werbung – als „Leben" bezeichnet. Und in der Tat ist es so, dass ohne Wasser euer Planet, das Leben selbst in der euch bekannten Form nicht existieren könnte. Wasser trägt alle Bausteine und Informationen als Trägerstoffe in sich, um euch vom Augenblick eurer körperlichen Entstehung an, mit lebensspendenden Energien zu versorgen.

Im Mutterleib seid ihr geschützt und versorgt durch dieses Element.

Eure Körper bestehen wie jede andere Lebensform, die euch bekannt ist, hauptsächlich aus dieser wunderbaren Energie, ohne die ihr unfähig wärt am Leben zu bleiben.

Wie wir es bereits sagten, ist euer Körper ein Wunderwerk. Alle Informationen, die ihr durch die Außenwelt aufnehmt, nicht nur diejenigen, die ihr durch Nahrung zu euch nehmt, werden von euch verarbeitet und umgesetzt.

Das Wasser als Grundstock eures Lebens und eurer Körper, leitet die von euch aufgenommene Energie wie ein fließendes Gewässer weiter. Es nimmt Informationen auf und trägt sie dann an die ihm zugedachte Stelle. Mit Informationen meinen wir auch Gedanken, die ihr aufnehmt. Doch wie entstehen Gedanken? Ihr nehmt etwas mit euren Sinnen auf und euer Gehirn setzt dieses um, nicht wahr?

Habt ihr euch schon einmal überlegt, wie das Gehirn funktioniert und wie es sich durch die Hirnflüssigkeit (Wasser) bewegt und immer in Aktion ist? Außenreize kommen und werden verarbeitet. Dabei entstehen Gefühle. Ohne Gefühle, die eure Gedanken immer bewusst oder unbewusst begleiten, wärt ihr nichts weiter als eine eurer modernen Rechenmaschinen oder auch Roboter.

Ihr hättet ohne Gefühle eure Menschlichkeit verloren. Nur mit einer Verbindung aus Gedanken und Gefühlen, seid ihr in der Lage euer Leben in dieser Intensität leben und erfahren zu dürfen.

Das Wasser treibt euch als Baustein an, zeigt euch als Element, dass Veränderung jeder Zeit möglich ist, indem ihr euch eurer Gefühle bewusst werdet, ihren Ursprung erkennt, innehaltet und euch vielleicht noch einmal – wie als ungeborenes Kind – in der Fruchtblase eurer Mutter geboren und aufgehoben fühlen könnt.

Ihr seid als äußeres Behältnis für den Fluss, die Bewegung des Wassers in eurem Inneren, verantwortlich, d.h. ihr entscheidet wohin euch eure Gefühle tragen. Ihr entscheidet als Meister, als Meisterin, über einen liebevollen oder aber auch über einen abwertenden Umgang mit diesem wunderbaren Element.
Wasser gibt euch als euch ständig begleitendes Element in Freundschaft und tiefer Verbundenheit, die Gelegenheit, eure Gefühle in ihrem Ursprung zu erkennen und sie mit seiner Unterstützung auszudrücken, indem es euch in den energetischen Ausdruck führt.

Weinen und Lachen, Freude und Traurigkeit sind nur zwei Beispiele für die Entstehung eurer Gefühle, die das Element Wasser durch Bewegung erschafft.
Und wie oft sagt ihr auch „Das bewegt mich gerade sehr". Oder aber auch „Ich fühle mich bewegt".

Ihr lieben Menschen, für uns als Naturwesen, die wir die körperlose Form wählten, ist das Element Wasser in seiner Bestandskraft nicht von Belang. Wasser ist ein Element, dass verbunden mit dem Element Luft existiert und in dieser Zusammenarbeit euren Körpern Unterstützung bietet, damit ihr in der Materie auf eurem Planeten überleben könnt.

Dieses Element wird für euch in seiner Zusammensetzung unwichtig werden, wenn ihr eure Körper verlasst und wieder in eurer ursprünglichen Seelenheimat existiert.
Doch solange ihr in Verbindung mit Gaia euer Erdenleben im Körper führt, unterstützt euch dieses Element auf eine ganz besondere Art und Weise.

Es gibt noch so viel zu sagen über dieses lebensspendende, ja Leben erschaffende Element, dass unsere Ausführungen noch bis ins unendliche weiterreichen könnten. Jedoch möchten wir euch nicht unnötig verwirren oder euch mit Informationen überfrachten, wenn es doch im Prinzip ganz einfach ist, euch die Wichtigkeit dieses Elementes zu vermitteln.

Was uns vor allen Dingen am Herzen liegt bei unseren Ausführungen ist, euch eine andere Sichtweise in Bezug auf die euch umgebenden Elemente zu geben. Euch einen anderen Blickwinkel in Bezug auf die Natur, aus der wir alle geboren sind, zu vermitteln. Wir alle – euch eingenommen – sind ein Teil der Natur. Wie wir es bereits sagten, pure reine Energie, die sich in eurem Fall nur entschlossen hat, ein körperliches Sein auf diesem Planeten zu führen.

Wir würden uns sehr wünschen – für euch wünschen - wenn ihr den euch lebenspendenden Energien aus der Tiefe eures Herzens, den Respekt erweisen könntet, den sie in ihrer Existenzform verdienen.

Wenn ihr Wasser, z.B. nicht nur als ständig zur Verfügung stehendes Element ansehen könntet, sondern in Dankbarkeit und Respekt akzeptiert, dass es in seiner Beschaffenheit nicht nur zu eurem Leben beiträgt, sondern in der Hauptsache euer Überleben und eure Lebensqualität für die Zeit eures Erdendaseins sichert.

Wir danken euch!

*I*m Ursprung die wahre Lebenskraft
der Quelle entspringt und
neues Leben erschafft.

Durch Bewegung und Strömung in seiner Form,
das Wasser bricht Bahn sich
und unterhält
alles in der Natur was sich dem Leben stellt.

Aufnehmen und versorgen möchte als Energie
das Element Wasser, ‚Pflanze, Mensch und Tier.

Um das Leben euch weiterhin schenken
zu können,
gebraucht es weise, damit es erhält
unsere Erde, die diese Form gewählt.

Damit Körper und Seele in Liebe
vereint, sich im Bewusstsein der
Lebendigkeit, gemeinsam
neue Wege suchen in dieser Zeit.

Das Element „Äther" (Seelenheimat – All-Eins-Sein)

Was schwingt in euch, klingt und vibriert in euch, wenn ihr in absoluter Freude seid, geliebte Menschen? Wenn z.B. ein einfaches Musikstück oder ein wunderbares Naturerlebnis euch reine Lebensfreude spüren lässt und sich jede Pore eurer Körper, euch zutiefst mit eurer Seele verbunden fühlt, weil ihr dann einfach nur ihr selbst seid und euch unumwunden glücklich und vollkommen fühlt.

Kennt ihr solche Augenblicke voller Glück und innerer Tanzes Lust, wenn ihr euch von der Schönheit des Lebens mitgerissen fühlt und es keine Worte mehr für euer Erleben gibt, sondern einfach nur pure LEBENSFREUDE?

Dieses geliebte Freunde und Freundinnen ist der Kontakt zu eurer Seelenheimat. In diesen Momenten habt ihr wieder Kontakt zu euch selbst, zu eurem wahren Sein aufgenommen, das sich nicht auf der Verstandes- und Gefühlsebene bewegt, sondern zutiefst eure wahre Erscheinungsform feiern möchte, die sich nicht an Äußerlichkeiten orientiert, sondern lediglich Wärme, Liebe und Heimat für euch bereit hält.

Das alles meine Lieben, sind auch wir. So wurden uns Naturwesen oft die Attribute „Fröhlichkeit, Freude, immerwährende „Gute Laune" sowie Leichtigkeit des Seins und ja – sogar die Fähigkeit des Fliegens – nachgesagt.

Obwohl letzteres, eures Empfindens nach, nur eine Metapher ist für die Freiheit der reinen Seelenenergie, die sich – anders als bei euch Menschen – nicht in einer körperlichen Form ausdrückt. Für euch bedeutet „Fliegen" in einer Maschine zu sitzen und euch tragen und führen zu lassen oder euren Vögeln beim Flug zuzusehen.

Für uns gibt es diesen Begriff nicht, denn wir existieren lediglich in energetischer Form und bewegen uns körperlos durch Zeit und Raum. Wie wir es bereits in früheren Kapiteln sagten, ist es für uns aufgrund des Ungebunden seins an die Materie um einiges leichter, die Verbindungen zu anderen Energieformen zu spüren und uns mit ihnen zu verbinden, sie zu unterstützen, oder sogar einen Ausgleich herzustellen, sollten wir spüren, dass das harmonische Gleichgewicht unserer Existenzebenen gestört sein sollte.

Es ist für uns auch ein Leichtes, den Kontakt zu euch herzustellen, obwohl ihr euch in einer körperlichen Form befindet. Allerdings ist es, um eine Kommunikation beiderseits herzustellen, von großer Bedeutung, dass ihr eure Sinne öffnet und euch vermehrt auf euer Innerstes konzentriert. Dass ihr die Außenwelt versucht auszuschalten für den Moment des gegenseitigen Austauschs. Dass ihr versucht, ganz tief in euch herein zu horchen und egal, was euch in diesem Moment bewegen sollte, einfach nur vorurteilsfrei annehmen könnt und es nicht versucht durch erneuten Gedankenfluss und Gedankenkontrolle zu kanalisieren oder zu beeinflussen.

Lasst die aufkommenden Gefühle – egal welcher Art – einfach zu. Lasst sie kommen und haltet nicht an ihnen fest, indem ihr sie bewertet. Oder euch selbst und anderen Vorwürfe macht, über bestimmte Erlebnisse in der Außenwelt, die euch vielleicht in eurem Leben bewusst oder unbewusst im Ausdruck eurer Persönlichkeit geprägt haben.

Versucht euch selbst – egal was auch kommen mag – ohne Bewertungen anzunehmen.

Wir wissen, dass vielen von euch, das mit Sicherheit nicht leichtfallen wird.

Aber glaubt uns bitte, der Lohn für diesen „Aufwand" wird euch immer mehr euch selbst erkennen lassen und euch in Liebe nach Hause führen. Und somit auch zu uns führen und zu jedweder anderen Energieform, mit der ihr gerne Kontakt aufnehmen wollt. Auf diese Art und Weise wird der Speicher eures eigenen Wissens, den nur eure Seele in sich tragen kann, aktiviert und ihr werdet durch diese Form der neuen Kommunikation, unendliche Freude und natürliche Harmonie und Ausgeglichenheit erfahren.

Wir alle, die wir uns – mit euch gemeinsam – Naturwesen nennen, sind aus reiner Energie, aus Äther, geboren und gehören einer großen Familie an, in der lediglich die verschiedenen Entwicklungsstufen auf unterschiedlichen Energieebenen stattfinden. So finden sich auch bei uns unterschiedliche Lernebenen. Viele unserer Mitwesen haben sich, so wie es auch bei euch Menschen der Fall ist, entschlossen unterschiedliche Entwicklungsstadien zu durchlaufen, um dann letztendlich auf der höchsten Seins-Ebene, in unserer aller Seelenheimat anzukommen.

Einige von euch Menschen teilen uns noch in die Kategorie „Dunkel" und Hell" ein. In Lichtwesen und „dunkle Wesen".

Diese Unterscheidung mag für euch noch von einer gewissen Bedeutung sein, da ihr euch noch im Körper befindet und die Klassifizierungen bei den Menschen üblich sind, um sich in der Materie bewegen und um über euren sprachlichen Ausdruck miteinander kommunizieren zu können. Damit der andere Gesprächspartner versteht und nachvollziehen kann, von was ihr sprecht.

Für unsere Ebenen ist diese Unterscheidung jedoch unnötig, da es unserem tiefen Wissen entspricht, dass ein jedes Wesen seine eigene Entwicklung nach eigenen Vorstellungen durchläuft und auch für sein Handeln und Tun die eigene Verantwortung übernimmt. Deshalb ist es unerheblich was ein Wesen gerade tut, da dies für seine Entwicklung und auch für die Entwicklung der mit ihm in Kontakt tretenden Wesen von tieferer Bedeutung ist. Nichts geschieht, ohne Sinn und Grund. Und das eigene Energiefeld zieht immer die Wesen und Lebensumstände an, die in diesem Moment den eigenen Schwingungen entsprechen. Das ist das Gesetz der Anziehung (auch dieses haben wir in früheren Kapiteln versucht darzulegen).

Indem ihr bewusst immer mehr in euch hinein spürt, immer mehr auf Entdeckungsreise geht, könnt ihr euch mit den eigenen Ängsten auf eine wunderbare Art und Weise auseinander setzen, indem ihr euch euren inneren Dämonen stellt. Verwandelt eure Ängste, in Verständnis, in Zugewandtheit und begegnet dann der Liebe für euch selbst und für eure Mitmenschen/Mitwesen.

Versucht immer mehr eure wahre Energieform zuzulassen, erinnert euch an sie. Was natürlich nicht bedeuten soll, dass ihr euer äußeres Gefäß, eure Körper vernachlässigen sollt. Der Körper stellt in der Materie eure Heimat, euer Haus dar. Eure wahre Gestalt. Aber, die Energie aus der eure Seele besteht, sehnt sich nach ihrer eigentlichen Heimat und sie trägt all das Wissen in sich, was euch – auch in eurem jetzigen Erdenleben – eine Existenz in Freude, Glück und unendlicher Leichtigkeit bescheren kann.

Wir alle stehen euch zur Seite und feiern mit jeder einzelnen Seele, die ihren Weg nach Hause, im Bewusstsein mit der Einheit findet, ein Wiedersehen in Freude und Glück.

*L*asst euch verführen
von Musik und Tanz:

Unsere Welt so viele Wunder in sich fasst.
Was euch oft erscheint so schwer,
ist nichts weniger als eure eigene Mär.

Was euch begegnet im Dunkeln, im Licht,
ihr selbst bestimmt durch inneres
Gleichgewicht.

Begegnet euch selbst mit Besonnenheit,
aus dem Blickwinkel von Liebe und
Heiterkeit.

Sich so schnell ändert in dieser Zeit,
alte Verbindung, die Wunden geheilt.

Was euch ehemals schmerzte, wird nun erkannt
und erhält einen schönen neuen Verband.

Aus der Erkenntnis von Liebe und Licht,
sich die Energie der Seele neue Wege bricht.

*Im Einklang mit ihrer Seelenform sie
erobert
Herzen und Wesen im Sturm.*

*Aus Äther geboren und wieder vereint,
letztendlich im Licht, eure Seele geheilt.*

Teil III:

Das Abenteuer „Leben" (Integration im Gleichgewicht)

Aufarbeitung und Reflektion

Geliebte Mitwesen, ihr würdet sagen, diese Überschrift klingt kitschig? Was bedeutet der Ausdruck kitschig für euch? Überzogen, überladen, einfach zu viel von Allem? So viele Wörter gibt es in eurem sprachlichen Ausdruck, die euch ungeheure Möglichkeiten verleihen auf jede nur erdenkliche Art und Weise miteinander zu kommunizieren.

So möchten wir euch bitten, diese Überschrift als ein Pseudonym für die Vielfalt der Wahlmöglichkeiten eurer Seele während eures Erdenlebens anzusehen.

Wie beginnt denn euer Leben auf der Erde? An was könnt ihr euch noch selbst erinnern und was wurde überliefert? Wie weit gehen eure bewussten Erinnerungen zurück? Und wir sprechen hier von der Möglichkeit der Rückbesinnung an eine Zeit als ihr bewusst angefangen habt, euer Gehirn zu trainieren, indem ihr euch das erste Mal in eurem Leben sprachlich auszudrücken versuchtet.

Oftmals geht die Rückbesinnung oder die Erinnerung bei euch Menschen allerdings nicht weiter als bis zum 3. oder 4. Lebensjahr zurück. Da ihr da begonnen hattet, den Sinn der aneinandergereihten Worte in einem Satz zu verstehen und euch auch genauso mit eurer Außenwelt verständigen konntet.
Dieses ist die Zeit gewesen, in die ihr bewusst kommunizieren, in die Außenwelt eintreten, dazugehören wolltet.

Aber was geschah in der Zeit zuvor? Das was ihr von Familien-
mitgliedern oder anderen menschlichen Zeugen übermittelt bekommen habt, wurde höchstens von einem eurer Fotoapparate
eingefangen, stellt aber keineswegs die Empfindungen eures
Selbstes in dieser Zeit eurer Entwicklung dar.

Ihr seht Fotos aus dieser Zeit und ihr bekommt übermittelt, das
seid ihr kurz nach der Geburt, mit einem, zwei oder drei Jahren.
Ihr seht in ein lachendes oder weinendes Gesicht, aber euch fehlt
im Rückblick der Bezug zu euren Gefühlen und Empfindungen in
dieser Zeit.
„Normal, würdet ihr sagen. Das ist nun einmal so, wenn man in
diesem Alter ist!"

Wie gewiss einige von euch wissen, gibt es menschliche Helfer,
die durch Hypnose oder andere therapeutische Techniken wieder
einen Bezug zu dieser für euch so wichtigen Entwicklungszeit
herstellen können.
Es könnte also analysiert werden, was ihr in dieser Zeit wohl-
möglich empfunden habt und weshalb ihr euch so und nicht anders verhalten habt.

Und so könnt ihr mit Hilfe dieser Form der Aufarbeitung euer
Leben in dieser Inkarnation analysieren und aufarbeiten. Viele innere Blockaden lassen sich so auflösen, damit ihr euer Leben
wieder mehr bewusst genießen könnt.
Aber dennoch ist es oft so, dass eine Therapie nach der anderen
folgt und ihr trotzdem immer wieder das Gefühl bekommt: „Das
war noch nicht alles" Etwas gibt es noch, was mich zurückhält,
mein wahres Selbst zu leben, was mich zurückhält, mich so zu

verwirklichen wie ich es möchte".

Geliebte Freundinnen und Freunde, wir wissen, dass sich die meisten von euch Lesern mit Sicherheit schon einmal mit Karma und früheren Inkarnationen und deren Auswirkungen beschäftigt haben, möchten aber dennoch durch unsere Erläuterungen noch einmal bewusst machen, dass ihr euer Leben nicht ausschließlich aus dem erkennen könnt, was ihr in euren Fotoalben, die der Erinnerung dienen sollen, vor euch seht.

Es sind Teilausschnitte von bestimmten Lebenssituationen. Aber die Fotos spiegeln weder eure Gefühle noch euer Empfinden und eure Gedanken zum Zeitpunkt der Aufnahme wider. Diese Gefühle tragt ihr in eurem Herzen.

Für uns ist es sehr schwer nachzuvollziehen, was euch bewegt, glückliche Momente mit der Kamera einzufangen. Wenn diese Momente so glücklich waren, weshalb wollt ihr sie dann in einem Album oder einer Datei festhalten? Die Empfindungen in diesem Moment kann euch niemand mehr nehmen und sie sind jederzeit durch die hohe Energie von Licht, Liebe und Freude wieder abrufbar, und zwar für alle Zeit.

Vielleicht ist es für euch schwer nachvollziehbar, wenn wir euch sagen, dass es unserer Ansicht nach verständlicher wäre, die für euch als negativ empfundenen Momente festzuhalten, damit ihr durch die spätere Ansicht der Bilder, die Möglichkeit der Aufarbeitung und Heilung bekommt.

Stellt euch jede einzelne Zelle eures Körpers vor wie einen kleinen Speicher, in dem ihr alle Gefühle jedweder Art für alle Zeiten speichern könnt und dass über euer körperliches Dasein hinaus.

Die Seele ist ein Spiegel eures Körpers und umgekehrt stellt euer Körper, in dem ihr in dieser Art von Leben auf der Erde zu Hause seid, eine Kopie eurer Seele in der für euch sichtbaren Außenwelt, eurer Materie, dar.

Alle Erfahrungen, die ihr in dieser oder früheren Inkarnationen gemacht und noch nicht integrieren konntet in euer Seelenselbst, werden sich in eurer körperlichen Form noch einmal möglicherweise in Form von Krankheitssymptomen oder anderen Unpässlichkeiten äußern. Ihr habt durch euer körperliches Sein in der Materie die Möglichkeit bekommen, euren Unzulänglichkeiten, Verfehlungen und/oder erlittenem Schmerz nachzuspüren, damit ihr euch bewusst in den Heilungsprozess begeben und euer wahres Selbst in seiner eigentlichen Schönheit erkennen könnt.

Liebe Menschen, wir wissen, wie schwierig es vielleicht noch für euch sein wird, euch auf diese Prozesse, die euch die Ganzwerdung von Körper, Geist und Seele aufzeigen, einzulassen. Auch wenn viele von euch ein Bewusstsein dieser Zusammenhänge haben, fällt es doch immer noch schwer, diese Erkenntnisse auch in eurer gelebten Realität umzusetzen.

Diese Zeitqualität unterstützt euch in einem sehr hohen Maße bei dieser Aufarbeitung und gibt euch durch die hohe Lichtenergie, die euren Planeten derzeit umhüllt und durchströmt, die Möglichkeit auch ohne körperliche Symptome – allein durch einen Bewusstseinswandel – durch den sogenannten Lichtkörperprozess eine neue Form von Klarheit zu finden.

Indem ihr für euch entscheidet, Erlebnisse oder Menschen, die euch innerlich aufwühlten, nicht mehr zu bewerten und zu verurteilen, besteht für euren Körper keine Notwendigkeit mehr dieses in seinen Zellen abzuspeichern und eure Gesundheit und Lebensqualität durch Krankheit zu belasten.

Wir bitten euch, dieses zu beherzigen und neue Sichtweisen in unbehaglichen Situationen zu entwickeln. Die neuen hohen Energieströme sowie alle Lichtwesen der Naturreiche unterstützen euch dabei. Wo Verständnis entsteht, kann Verständnis wachsen. Und wahres Verständnis, gerade auch für Verletzungen, die euch durch die Außenwelt zugeführt wurden, entsteht aus reiner Liebensenergie und speist sich daraus.

Wie solltet ihr sonst lernen können, wie wunderbar und einzigartig ihr seid, wenn ihr die Lernprozesse, die euch durch Schmerz an eure Grenzen führen, aus eurem Leben ausklammert und verdrängt.

Ablehnung, Angst, Krieg und Hass. All dieses erfordert unglaublich viel Energie. Und diese Energie geht euch verloren, schwächt Körper und dadurch auch eure Seele.

Indem ihr hier nicht mehr in die Verdrängung geht, sondern bewusst hinseht, werdet ihr erkennen, wie sehr diese Prozesse euch wieder an euer eigentlich aufrichtiges und strahlendes Wesen erinnern möchten, das ihr in eurer Ursprünglichkeit in alle Ewigkeit seid.

Verantwortung oder Verpflichtung (Redekunst oder die Wahl des sprachlichen Ausdrucks)

Geliebte Mitwesen! Habt ihr denn bereits einen ungefähren Eindruck darüber bekommen, euch ein Bild machen können aus unseren vorherigen Kapiteln, wie sich die Zusammenhänge zwischen euch und der euch umgebenden Welt darstellen? In welchem Zusammenhang „Wir" - und ich meine sowohl uns Naturwesen als auch euch als menschliche, verkörperte Naturwesen mit „Wir" – stehen.

Genauso wie eure Körper in einem für euch sichtbaren und fühlbaren Stück Materie für euch existieren und perfekt auf euer Leben auf der Erde ausgerichtet sind, so ist die gesamte Natur im harmonischen Zusammenspiel mit den Elementen und der Erde ausgerichtet. Gibt es Unstimmigkeiten in dieser Harmonie im natürlichen Ablauf, ganz gleich ob diese Unstimmigkeiten eure Körper oder euren Planeten betreffen, werden alle Kräfte aktiviert, um diese Disharmonien wieder auszugleichen. Ihr Menschen habt dafür euer körperliches Immunsystem. Doch kann dieses nur aktiviert werden, indem ihr euer seelisches Gleichgewicht wieder herstellt, damit die Informationen von Gesundheit, Liebe und Licht in euren Körpern eure Zellen aktivieren, regenerieren und stärken können.

Eure sogenannte neumodische Medizin, die oft aus unnatürlichen

Bausteinen, die den Ideen euer Chemiker entspricht, entstanden ist, kann oftmals lediglich eine künstliche Aktivierung dieser Zellen starten. Diese künstliche Aktivierung kann lediglich einen körperlichen Anstoß zur Gesundung geben. Das Schaltsystem, das von eurer Seele erkannt und ausgelöst werden sollte, ist es allerdings unfähig zu erreichen.

Ausschließlich ihr seid in der Lage dieses zu tun. Ihr seid die Meister und Meisterinnen eures Lebens und letztendlich bestimmt ihr selbst über Krankheit und Heilung.

Diese Worte, ihr Sinn daraus mag sich für viele von euch vielleicht noch nicht in seiner gesamten Komplexität erschließen, aber wenn ihr euch gestattet euren Verstand eine Weile ruhen zu lassen und einfach mit dem Herzen hinein fühlt, werdet ihr den Wahrheitsgehalt unserer Worte erkennen.

Solange ihr noch eine Trennung von den euch umgebenden Energieströmen und umwelttechnischen Ausmaßen vermutet, wird es euch schwerfallen, ohne eine logische Erklärung unsere Worte zu verstehen. Doch ist die Weisheit des Herzens auch die Weisheit, die ihr lediglich aus euch selbst heraus, ohne verstandesmäßige Schulung erreichen könnt. Dieses alte Wissen ist immer vorhanden und kann euch die Komplexität der natürlichen Harmonie des Zusammenspiels von Mutter Natur, eures Planeten und seinen Bewohnern, zu denen auch ihr in eurer Verkörperung zählt nur in Leichtigkeit offenbaren.

Desto mehr ihr versucht, dieses von eurem Verstand her abzuleiten, desto schwieriger wird euch die Erkenntnis fallen wie letztendlich alles zusammenhängt, aufeinander abgestimmt und damit auch abhängig voneinander ist.

Ihr Lieben, weshalb erzählen wir euch dieses nun, da wir ja eigentlich über Verantwortung oder Verpflichtung mit euch sprechen wollten.

Oh, bitte glaubt uns, es fällt uns manchmal sehr schwer die richtigen Worte für unsere Übermittlungen zu finden. So hängt auch jede Übermittlung in hohem Maße von der Weitergabe und Öffnung unseres Mediums ab.

Unter Verantwortung versteht ihr Menschen, sich im Bewusstsein dessen, dass euer Tun etwas bewirkt, sich für andere Mitwesen oder euren Planeten einzusetzen. Und oftmals ist es so, dass daraus für euch eine gefühlte „Verpflichtung" erwächst, oder? Dass ihr euch auch über eure persönlichen Grenzen hinaus verantwortlich fühlt und meint, unterstützen, helfen und euch mit eurer ganzen Kraft einbringen zu müssen.

Oh geliebte Freunde, das Wort Verantwortung gibt es nicht für uns. Nur ihr Menschen macht aufgrund eures Sprachgebrauchs daraus oft eine Verpflichtung. Oder ihr fühlt euch den Menschen und Wesen gegenüber verpflichtet, für die ihr die Verantwortung übernommen habt.

Für uns Naturwesen, denen ihr zu Recht Flügel aufgrund der von euch gefühlten Leichtigkeit verliehen habt, existiert lediglich eine Verbundenheit zu allem was uns umgibt.

Denn nichts trennt uns von der Natur, den Wesen unserer Welt, zu denen auch ihr gehört, oder von Gaia, von Mutter Erde.

Wir alle sind ein Stück von allem, was uns umgibt und unsere Energien fließen und durchdringen die gesamte Welt und alle anderen Energien, die sich um uns herum befinden.

Und auch bei euch, ist dieses so Ihr Lieben. Auch ihr durchdringt mit euren Energien eure „Außenwelt", die sich euch aufgrund der Trennung in der Materie noch so aufzeigt. Aber dennoch besteht ihr aus reinster Lichtenergie, die ihren Ausdruck im Außen immer mehr sucht. Ihr seid unglaublich starke und lichtvolle Wesen und könnt mit eurer Energie tatsächlich die von uns bereits angesprochenen Wunder bewirken, und zwar in jeder Beziehung.

Und ja, ihr mögt es Verantwortung nennen, wenn ihr euren Verstand bemüht. Euer körperlicher und seelischer Ausdruck, der nach außen strahlt, beeinflusst eure Umwelt, genauso wie diese wiederum euch beeinflusst.
Ihr seid mit der euch umgebenden Welt genauso verbunden wie wir es sind. Nur ist euch dieses aufgrund eurer Körperlichkeit noch nicht so klar.
Die Welt durchdringt euch und ihr durchdringt die Welt um euch.

Umso wichtiger ist es jetzt, dass ihr euren eigenen Wert erkennt, beginnt euch für das zu lieben was ihr seid, damit ihr Liebe und Licht weitergeben könnt, aus dem tiefen Wissen heraus, dass ihr die Welt um euch herum durchdringt mit dem was ihr fühlt und mit eurem Handeln.
Mit dem bereits in früheren Kapiteln beschriebenen „Gesetz der Resonanz" zieht ihr genau das wieder an, was ihr aussendet.
Und so werden euch automatisch wiederum Liebe und Licht zuteilwerden.
Dieses ist die von euch genannte Verantwortung, die nur in Leichtigkeit und Liebe – fast automatisch – weil von innen heraus gelebt – geschehen kann und deshalb keine Verpflichtung nach euren Wertvorstellungen darstellen sollte.

Das Universum besteht aus reiner Harmonie und Disharmonien entstehen immer nur dort, wo diese von Harmonie von einer Seite mit Negativität gestört wird.

Eure Sprache ihr Lieben, ist etwas Wunderbares, denn sie hilft euch, euch untereinander zu verständigen. Aber es ist eine Sprache, die aus dem Verstand erwächst und vermag in Worten oftmals nicht auszudrücken, wie es um eure Gefühle, euer Innenleben bestellt ist. So geschehen viele Missverständnisse.

Deshalb versuchen wir euch nahezubringen, so gut wie möglich auf euer Herz zu hören und die sogenannte Verantwortung in erster Linie für euch selbst zu übernehmen, damit ihr Liebe und Licht letztendlich für alle Wesen und die Naturreiche ausstrahlen könnt.

Nur wenn ihr die Verantwortung für euch selbst übernehmt, euch traut in euer eigenes Herz zu sehen, werden sich euch alle weiteren Herzen und die Schönheit eurer Welt erschließen.

Und dieses könnt ihr nicht mit dem Verstand erlernen.

Wir können für uns nur sagen und dieses ist keine Prophezeiung mehr:

Es wird in zukünftigen Zeiten eine gemeinsame Sprache geben, die auf der Übertragung von Gedanken beruhen wird, ähnlich der Form der Übertragung wie es gerade im Moment mit unserem Medium stattfindet. Diese Form der Übertragung geschieht aus dem Herzen heraus und die „richtigen" Worte werden sich finden, so dass es vollkommen gleichgültig sein wird, welche Sprache das jeweilige Wesen vom Verstand her in seinem entsprechenden Land vielleicht noch gelernt hat.

Diese Form der Verständigung wird letztendlich in ihrer Art und Weise frei sein von Missverständnissen, da sie lediglich aus reiner Licht- und Liebesenergie aus dem geöffneten Herzen heraus in Wahrhaftigkeit fließen wird.

Vergesst bei all eurer „Verantwortung" die Freude nicht, die jedes Mal ihren Rückfluss in eure Herzen findet, wenn ihr Liebe verschenkt.

Wir freuen uns unendlich über jede bewusste Begegnung.

Die Bedeutung der Außenwelt
(Neue Wege finden)

Seid gegrüßt ihr Lieben! So vieles ist schon gesagt worden in den letzten Kapiteln. In den Texten von denen wir hoffen, dass wir eure Seelen erreichen konnten.

Nach unserem Dafürhalten geschieht es immer häufiger, dass Ihr als menschliche Wesen, euch zunehmend, Abstand nehmend von der euch umgebenden Welt, nach innen wendet, da ihr hofft, dort euren inneren Kern, euren Ursprung zu finden.

Und dem ist auch so und wir freuen uns unendlich über diese innere Einkehr von euch. Es ist wunderbar zu spüren, wie viele von euch sich auf den Weg machen möchten, um ihr Innerstes zu finden, um sich selbst zu erkunden.

Doch und wir bitten hier um eure Aufmerksamkeit und hoffen doch gleichzeitig inständig, dass ihr uns nicht falsch verstehen möget, geht es bei der Innenschau nicht darum, die euch umgebende Welt vollständig auszublenden.
So vieles ist in der Vergangenheit gesagt und gelehrt worden über Meditation und auch Askese.

Geliebte Freunde bitte glaubt uns, dieses gehört nun Zeiten an, in denen euch alle eine andere Energie durchdrungen hat. Diese Form der Energie hat sich gewandelt. Die Energien haben sich erhöht und sie erhöhen sich ständig weiter, d.h. das Licht, welches zur Erde fließt, ist immer intensiver. Durch diese hohen Energieströme wandelt sich nun auch der Umgang mit der Form des Umganges mit eurer Innenschau.

Es ist unnötig geworden in dieser Zeit vollständig in sein Innerstes zu versinken, denn ihr seid nun in der Lage durch die neue Form der Lichtenergie bewusst und in Liebe euer Innerstes mit der euch umgebenden sogenannten Außenwelt zu verbinden.

In früheren Zeiten ist es tatsächlich notwendig gewesen, zuerst alle störenden Gedanken und Außengeräusche auszuschalten, um konzentriert sein Herz, seine Gefühle, sein Seelendasein zu erforschen.

Es gab eine strikte Trennung für euch zwischen „Außen" und „Innen". Diese Trennung wurde euch in eurem Leben bereits sehr früh beigebracht. Es wurde sehr früh von euren Eltern, Lehrern und Erziehern dargelegt und weitergegeben wie wichtig es sei z.B. nicht zu Träumen am Tag, sich gefühlsmäßig stets zu kontrollieren und sich in die äußere Gesellschaftsordnung einzufügen. So haben eure Kinder spätestens beim Schuleintritt gelernt, wie wichtig es ist, den Blick nach außen zu richten und wie selten dagegen die eigenen Wahrnehmungen und Empfindungen eine Rolle spielen dürfen, da sie einfach nicht in eure Gesellschaftsstruktur passten.

Wie wichtig es doch sei, sich anzupassen, damit ihr es im Leben zu etwas bringen könnt.

Viele von euch versuchten daraufhin in späteren Jahren einen neuen Vorstoß, indem ihr euch in einer extremen Innenschau versuchtet. Indem ihr nun das Gegenteil dessen, was euch eure Gesellschaft beizubringen versuchtet für euch durch das Aufsuchen von Gurus, Aschrams oder anderen spirituellen Kultstätten zu kompensieren. Bei diesen Lehrern habt ihr dann die Möglichkeit gefunden, euch vollständig in euer Inneres Sein zurückzuziehen. Euch selbst zu erforschen, indem ihr nun die Außenwelt ausgeblendet habt.

Aber geliebte Menschen, diese Zeit hat sich mit Erhöhung des Energiestroms derart gewandelt, dass es dieser Trennung zwischen Außen und Innen nicht mehr bedarf. Alles befindet sich im Verschmelzungsprozess und dazu gehört auch, dass ihr immer mehr lernt, dass ihr als Lichtwesen, die ihr auf der Erde seid, einzigartig zur Gestaltung eurer „GEMEINSAMEN WELT" beitragt und dass ein jeder von euch mit allem und jedem verbunden ist und dass sich euch somit ungeahnte Möglichkeiten in einer Vielfalt eröffnen, die euren menschlichen Verstand vielleicht zu dieser Zeit noch überschreiten mögen.

Mit euren Körpern befindet ihr euch in der sogenannten Außenwelt, die euch mit ihrer Materie umgibt. Aber selbst Materie besteht – wie wir es bereits sagten – aus Energie. Sie besteht aus euren Gedanken, euren Gefühlen und euren Taten.

Und das Tun ist so wichtig ihr Lieben, die Zusammenführung von innerem und äußerem Erleben, in der Erkenntnis dessen, dass letztendlich alles in seiner Gesamtheit euch selbst darstellt. Es ist wichtig, die Erlebnisse des Innenlebens, die erfahrenen Erkenntnisse auch für euer Leben auf der Erde umzusetzen, damit sich die Außenwelt euren Wünschen und Neigungen entsprechend auf

euch einstellen, sich anpassen kann.
Damit ihr, indem ihr Erlerntes nach außen bringt, auch den Lern-
erfolg in Form von Trophäen, die ihr bei jedem gewonnenen
Wettkampf einfordert, als Zufriedenheit, liebevolle Zuwendung
durch andere, schöne Augenblicke in der Natur und Liebe zu
euch selbst erfahren könnt.

Denn nichts Anderes stellen die sogenannten Preise, die Trophäen, die in eurem Leben die „Sieger" ausgehändigt bekommen,
dar. Es ist eine Ehrerbietung für das Erbringen von Leistungen.
Aber es sind lediglich Symbole für einen Sieg, den ihr letztendlich für euch selbst errungen habt und für diesen Sieg kann es
keine entsprechende materielle Anerkennung geben. Lediglich
stellen diese Dinge Trophäen dar, die in euren Schränken verstau-
ben.

Aber auch die Materie verliert in dieser Zeit mehr und mehr ihren
Wert, indem es immer einfacher für euch wird, euch bestimmte
Besitztümer anzueignen. Der Triumph des Sieges währt also
nicht lange und schon begebt ihr euch auf erneute Suche nach etwas, das den scheinbaren leeren Platz in euren Herzen mit inneren Frieden zu füllen vermag.

So viele von euch sind bereits auf der Suche nach einer neuen
Form, die euch Frieden schenkt. So viele Menschen haben bereits
erkannt, dass es unnötig ist, Materie festhalten zu wollen, da sie
ihren Wert in dieser Zeit genauso wandelt.

Es gibt in dieser Zeit so viele Spenden wie nie zuvor. Spenden, die in Länder oder an Menschen weitergegeben werden, die anders als ihr, ihren eigenen Wert bewusst wenig im Stande waren zu entwickeln, da sie in ärmlichen Verhältnissen leben und keinen äußeren Reichtum im Sinne von materiellen Dingen kennenlernen durften.

Aber wer sagt euch, dass diese Menschen in Armut leben, nur weil ihr von anderen Dingen umgeben seid? Ist es der Vergleich, der euch zu dieser Vermutung treibt, ob der Tatsache, dass eure Medien voll sind mit den Meldungen von Katastrophen und Hungersnöten? Wird euch dadurch denn wirklich bewusst, in welchem Reichtum ihr lebt? Könnt ihr annehmen, was dieser Reichtum wirklich bedeutet? Vielleicht wird es euch kurzzeitig bewusst gemacht, welche Unterschiede es im wirklichen Leben gibt und wie groß der Unterschied zwischen „Arm" und „Reich" sein kann.

Die Außenwelt ihr Lieben kann nur ein Spiegel eures Innenlebens sein. Auf was konzentriert ihr euch denn an einem Tag, an dem ihr euch unwohl und uneins mit euch selbst fühlt, denn, wenn ihr aus dem Fenster schaut mehr, auf das Licht oder den Schatten?

Wenn die Sonne scheint, wird euch dieses vermutlich in Stunden von Trauer zu viel werden und ihr sehnt euch nach Schatten und dem Gefühl des Geborgenseins, welches ihr, wenn ihr direkt im Licht, in der Sonne stehen würdet, vielleicht nicht so empfinden würdet, da die Sonne jeden Winkel eurer Herzen ausleuchtet.

Es ist die absolute Freiheit, die ihr erspähen würdet, wenn ihr euch bewusst ins Licht stellt. Und frei zu sein, bedeutet auch, eure Schatten und eure Trauer anzuschauen, damit sie sich dem einströmenden Licht und der Wärme eures Herzens anpassen können. Damit sie durch Erkenntnis und liebevolle Annahme aufgelöst werden können.

Wir wünschen euch so geliebte Menschen, dass ihr – wie wir – bewusst im Licht, in der alles durchdringenden Sonne – spielen und tanzen könnt. Dass ihr eins werdet mit ihr, dass sich euer inneres Licht und eure Liebe mit den euch umgebenden Umständen vereinen. Das ihr einen Sonnentag als das genießen könnt, was er sein kann für jedes Wesen: Ein neuer Tag voller Hoffnung. Erfreut euch an jedem neuen Sonnentag und nehmt die sich euch trüber erscheinenden Tage zum Anlass die Punkte in euren Herzen zu finden, die noch der Heilung bedürfen.

Es ist – wie wir es bereits sagten – unnötig die Extreme zu bedienen. Weder eine extreme Innenschau, noch ihr Ausblenden und die reine Konzentration auf die Außenwelt, werden euch in dieser Zeit unterstützen.
Findet für euch einen Weg, der beides vereint und seid mit euren Füßen fest verankert in der Verbindung zu Mutter Erde und öffnet euch dann bewusst eurer Innenschau. Wir, sowie alle anderen Lichtwesen, freuen uns auf eine Wiederbegegnung in euren Herzen.

Möget ihr die Liebe hinter jedem einzelnen Sonnenstrahl entdecken, der euch zu euch selbst führen kann.

Verschmelzungsprozesse (Wiedererkennung und Neufindung)

Ihr Lieben! Lässt sich Liebe wirklich so einfach erkennen und beschreiben, wie ihr es so oft in euren Büchern darzustellen versucht? Was ist Liebe überhaupt? Was beinhaltet dieses Wort für euch? Ist Liebe denn nicht letztendlich ein Pseudonym für das unterschiedliche Erleben von Zufriedenheit, Einheit, Schönheit und Zusammengehörigkeit? Viele von euch sind sogar der Meinung, dass Liebe der Selbstaufgabe bedarf, um richtig fühlen zu können.

Denn nur wer sein eigenes Sein vollständig aufgibt und mit dem anderen verschmilzt, kann vollständig im Anderen und damit in der Liebe aufgehen.
Oh geliebte Freunde, es gibt so viele unterschiedliche Darlegungen von der Liebe wie sie von euren Philosophen, euren Dichtern, aber auch von euch selbst wahrgenommen wird.

Für uns ist es in der Tat wiederum um einiges schwieriger euch diesen Begriff verständlich zu machen, da wir weniger differenziert fühlen, bzw. überhaupt nicht differenzieren. Die Differenzierung hat ihren Ursprung in der Materie. Euer Körper spiegelt euch die Außenwelt, aber eure Gedanken und Gefühle speisen sich vor allen Dingen aus euren Wahrnehmungen, euren Sinnen, die Außen- und Innenwelt zusammenbringen. So arbeitet euer Gehirn, euer Verstand in der Verarbeitung der äußeren Reize und

Wahrnehmung direkt mit eurer Gefühlswelt zusammen und liefert euch dadurch die Informationen, die ihr für euer tägliches Leben in eurer Gesellschaft benötigt.

Doch verlasst euch bei diesen Informationen, die ihr erhaltet, nicht ausschließlich auf diejenigen, die durch den Verstand weitergegeben wurden. Euer Verstand ist durch so unendlich viele Inkarnationen darauf ausgerichtet, eure Aufmerksamkeit auf die Außenwelt zu richten, da es in der Tat ehemals in anderen Leben nötig war, um euch euer Überleben zu sichern. So viele von euch wurden verfolgt, misshandelt und unterdrückt, so dass es für euch überlebenswichtig war, sich den äußeren Umständen anzupassen, damit ihr und eure Familien keine Qualen erleiden mussten. So habt ihr über viele Leben hinaus gelernt, euer Gefühl und eure wahren Gedanken auszuschalten oder zu unterdrücken, um Gefahr für Leib und Leben zu entgehen.

Es wird in dieser Zeit immer wichtiger, dass ihr euch eure eigene Meinung bildet, denn das ist der erste Schritt zu eurer Selbstentwicklung. Zur Entwicklung eurer eigenen Fähigkeiten, unabhängig von der Meinung anderer. Lernt wieder euer Gefühl mit dem Verstand zu verbinden. In so vielen Kapiteln zuvor haben wir bereits angesprochen, wie wichtig es für euch ist – gerade in dieser Zeit – wieder mit dem Herzen zu fühlen, euren Gefühlen zu vertrauen und diese dann auch zu leben.
Das bedeutet natürlich nicht, dass ihr situationsunangemessen reagieren solltet, indem ihr euch lediglich von euren Gefühlen dominieren lasst. Es bedeutet, dass ihr Gefühl und Verstand verschmelzen lasst. Weder das eine noch das andere in Frage stellt,

indem ihr die Leitung blockiert, sondern das Wissen, das Verstand und Gefühl euch in bestimmten Situationen vermitteln können zu einer Weisheit umwandelt, die direkten Bezug zu eurem Herzen hat.

Und dann versucht das Endergebnis – die Weisheit des Herzens – sprechen zu lassen. Weder ungezügelte emotionale Reaktionen können euch in ausgewählten Situationen hilfreich sein noch einseitig vom Verstand dominierte Bekundungen.

Und wenn ihr euch erinnert, geliebte Menschen, es gab doch gewiss schon Situationen in eurem Leben, in denen ihr genau dieses tatet. Ihr würdet sagen: *„Ja, unbewusst, ich erinnere mich. Ich sprach wie von selbst! Die Worte kamen einfach. Oder auf einmal war meine Schreibblockade weg und alles lief von ganz allein. Auf einmal konnte ich meine Zuhörer doch noch überzeugen – aber erst als ich mein Konzept weglegte!"*

Erinnert ihr euch?

In diesen Augenblicken seid ihr wieder ganz bei euch selbst angekommen, ihr seid wieder eins mit euch und alles scheint von ganz allein zu laufen.
Dieses ist wohl einer der größten Verschmelzungsprozesse, den ihr in dieser Zeitqualität durchlaufen könnt. Die Verschmelzung zwischen Außen- und Innenwelt, die Verschmelzung mit euch selbst.
Wenn ihr euch vollständig mit euch selbst „Eins" oder „einig" fühlen könnt, dann seid ihr bei euch selbst. Bei eurem hohen Selbst angekommen.

Klingt das kompliziert für euch, oder könnt ihr in etwa nachvollziehen, was wir euch damit sagen wollen?

Um Einheit auch um euch herum wahrnehmen, ja erst einmal spüren zu können, dass alles EINS ist, ist es unabdingbar, dass ihr euch zuerst mit euch selbst einig fühlt. Und wir meinen damit eine Einigkeit, die keinerlei Zweifel oder Unstimmigkeiten zulässt.

Das Gefühl von Einigkeit, das als Basis von eurem hohen Selbst, von dem was ihr seid, von dem was euch als menschliche Wesen ausmacht, ausgeht. Wir meinen euer „Seelenselbst".

In diesen so wichtigen Momenten fühlt ihr euch ungeheuer klar, ohne Zweifel und von einer Kraft erfüllt, die ihren Ursprung in euch selbst hat. Und mit dieser dann nach außen strömender Kraft bedarf es keinen unnötigen Kraftaufwand, um andere Menschen zu überzeugen. Eure Mitmenschen werden euch als Zuhörer gegenüber stehen und eure dann mit der Weisheit des Herzens gesprochenen Worte, werden in ihrer Leichtigkeit diejenigen Herzen berühren und in Schwingung bringen, die wie ihr auf einer Ebene mit euch sind.

Vielleicht werdet ihr euch im nach hinein darüber wundern, dass es im Raum sehr still wurde und euch eine ungeteilte Aufmerksamkeit zu Teil wurde, und zwar auch von denjenigen Menschen, die vielleicht eine gegensätzliche Meinung hatten.
Es ist unerheblich dabei, ob ihr diese Menschen überzeugen konntet oder nicht. Sie haben die hohe Schwingung, die von euren Worten ausging, wahrgenommen. Gebt ihnen einfach Zeit

und Muße dieses in ihren Herzen zu bewegen. Ihr wisst aus eigener Erfahrung, dass sich derzeit alles im Prozess befindet. Und ein jedes Wesen benötigt seine eigene Zeit der Entwicklung. So ist es für euch erst einmal wichtig, wieder mit euch selbst zu verschmelzen und zu fühlen, dass ihr mit euch selbst EINIG seid, dass ihr EINS seid mit euch.

Oh, geliebte Menschen, es ist so sehr an der Zeit, dass ihr dieses andauernd spürt, euch immerwährend auf diesen euch dargebotenen höheren Ebenen bewegt. Dass ihr den Kontakt zu euch selbst in jedem Augenblick spürt, ohne euch bewusst zu verbinden. Indem ihr einfach nur in jedem Moment ihr selbst seid.

Viele von euch, so auch unser Medium begeben sich noch ganz bewusst zu bestimmten Zeiten auf diese höheren Ebenen, ihr nennt dieses dann, „euch zu verbinden". Sobald euch mit eurem Herzen, mit eurem hohen Selbst, dann aber – wie von selbst – vielleicht klar wird, dass ihr in jeder einzelnen Sekunde eurer Zeit mit euch selbst verbunden seid und damit auch mit uns, seid ihr im kompletten EINS SEIN angekommen.

Die Differenzierungen sind dann aufgehoben. Es gibt keinen Unterschied zwischen eurem hohen Selbst und unseren Schwingungen. Es gibt lediglich Lernprozesse und das immer stärker werdende Zulassen von der zurzeit einströmenden Lichtenergie.

Sofern ihr diese Verschmelzung mit euch selbst als Rückbesinnung auf das was ihr ursprünglich seid, zulassen könnt, werden eure Wahrnehmungen und dadurch auch euer Leben auf der Erde eine neue Wertigkeit erfahren.

Der Begriff „Alleinsein" und „Einsamkeit" wird seine wahre Bedeutung finden.

Oh bitte fühlt wie unendlich ihr geliebt werdet.

Alles ist Eins (Der Rhythmus der Erde)

Oh ihr Lieben, was für eine Freude sollte es sein, in dieser Zeit für euch dabei sein zu können.
Die Geschichte eurer Zeit aktiv neu zu schreiben und euch als Darsteller mit ganz besonderen Rollen beteiligen zu dürfen an einer Neustrukturierung wie es die Erde bisher noch nicht erlebt hat.

So viele Kapitel sind vorangegangen in denen wir versuchten euch zu beschreiben, wie es um den Zeitenwandel, die neuen Wahrnehmungen und die neuen Strukturen des Zusammenlebens steht. So werdet ihr massiv noch einmal vor Probleme gestellt, die euch immer wieder einzuholen scheinen, dachtet ihr doch, ihre Lösung sei längst beschlossen worden.

Stellt euch einmal ein Zahnrad vor, ein Zahnrad, das sich wie ein Schutzkreis um die Erde legt. Und stellt euch vor, es gibt ein Uhrwerk, das im Innern der Erde wie ein Herz schlägt und das Zahnrad Zahn um Zahn weiterträgt.

Könnt ihr sehen, wie sich das Zahnrad bewegt und wie es gleichzeitig auch die Erde bewegt? Stellt euch vor, jeder Zahn des Rades steht für eine Epoche eures zeitlichen Erlebens. Sei es nun eine geschichtliche Epoche oder aber eine persönliche Episode, die ihr vielleicht in Kindheit, Jugend und Erwachsenenalter erlebt. Vielleicht ist ja auch jeder einzelne Zahn noch unterteilt in viele kleinere Zähnchen, die wiederrum von kleinen Zahnrädern angetrieben werden, je nachdem wie ihr euch entschlossen habt euer Leben zu leben.

Also gesetzten fall eure von euch eingeteilte Zeitrechnung würde euer geschichtliches Erleben seit Anbeginn der Menschheit ausmachen und jede einzelne Epoche, wäre ein Zahnrad. Innerhalb dieser Epochen seid ihr dann inkarniert und jeder Mensch hätte dann wieder sein eigenes Zahnrad, das sich ganz individuell gestaltet und natürlich der Epoche der Geschichte angepasst und ganz nach euren persönlichen Erfahrungen und Lernerfolgen langsam oder schneller läuft.

Die Erde ist als Uhrwerk eingespannt und immer verbunden mit jedem einzelnen Zahn der von euch durchlebten Epochen als Ganzes, aber auch durch die Verzahnung verbunden mit jedem einzelnen eurer Schritte. Ohne dieses Uhrwerk, das die Verzahnungen antreibt, gäbe weder eine Gegenwart, Vergangenheit oder Zukunft.

Könnt ihr fühlen wie das Herz der Erde schlägt, spürt ihr, dass ihr ein lebendiges Wesen, das in seiner Vielfalt unfassbar reich ist, unter euren Füßen habt. Und wie über eure Füße die Informationen von Mutter Erde, die Gaia genannt wird, in euren Organismus fließen können, wenn ihr in eurer Öffnung weit genug voran geschritten seid und dieses zulassen könnt?

Der Rhythmus der Erde, der alles Leben berührt und darüber hinaus mit seinem Herzschlag jedes einzelne Zahnrad, egal ob groß oder klein lebendig und in Bewegung hält, verbindet jedes kleinste Teilchen und damit jeden Lebensabschnitt, jeden eurer Gedanken und Taten mit den anderen Rädchen. Und so bedingen sich die erzeugten Energien miteinander, durchdringen sich und sind auch abhängig voneinander. Sie gehören zusammen. In ihrer Unendlichkeit ergeben sie ein Ganzes. Ein einziges Laufwerk, das komplexer nicht sein könnte.

Wenn nun eins dieser Rädchen und damit möchten wir euch, ein menschliches Wesen als Beispiel nehmen, dem Rhythmus dieses so komplizierten Laufwerkes entgegen läuft, weil der Rhythmus in seiner Gesamtheit nicht wahrgenommen werden kann, da vielleicht gerade dieser Mensch der Meinung ist, er existiere unabhängig vom Gesamtbild, kann es geschehen, dass durch diese Blockade auch die anderen Rädchen in Mitleidenschaft gezogen werden und ebenfalls nicht mehr in Harmonie zum Gesamtlaufwerk stehen.

Geliebte Menschen und Mitwesen, die ihr für uns seid, könnt ihr nachvollziehen, was wir versuchen, euch hier so anschaulich wie möglich zu erläutern:
Und wisst ihr was wir mit dem Gesamtlaufwerk darstellen wollen? Die Natur im Allgemeinen und im Verständnis für euch die Erde als Laufwerk.

Die Natur umfasst für uns alles und durchdringt alles. Sie besteht nicht ausschließlich aus eurem Erleben, sondern ihr lebt durch sie. Und sie lebt durch jeden einzelnen von euch. Ihr tragt in hohem Maße zu ihrem Wohlbefinden durch eure Entscheidungen, aber auch Gedankengänge bei.

Und je nachdem, ob Gedanken sich lichtvoll darstellen und damit eure Umgebung durchdringen können, oder sie niedriger schwingen. Euer Erleben, eure Energie tragt ihr nach außen und sie berührt alles in euch selbst (in euren Körpern, eurem Geist) als auch euer Umfeld und sie wird sich als energetische Strömung immer möglichst gleichgesinnte Pole suchen.

So ziehen Menschen, die einen unausgesprochenen Konflikt in sich tragen, immer diejenigen Menschen an, die ihnen genau diese Probleme aufzeigen. Das geschieht, damit Heilung geschehen kann und Erkenntnis, und damit Weisheit in euren Herzen einkehren kann.

Ihr seid in den Rhythmus der Erde eingebunden, ihr seid nicht nur ein Teil von ihr, ihr bestimmt eure eigene Zeit und eurer Erleben nicht nur im Kleinen als Eigentümer eurer Körper, sondern auch im Großen als Lichtwesen und Teil der Natur, das Verantwortung trägt.

Ob ihr euch dieser Verantwortung nun bewusst seid oder nicht, ihr Lieben, ihr seid ein Teil des Ganzen und tragt als vielleicht in euren Augen nur sehr kleines Rädchen doch entscheidend zum Ablauf der Zeit bei.

Wenn ihr z.B. einem Tier etwas antut, in seinen Lebensraum eingreift, es vielleicht sogar tötet, verachtet ihr damit auch einen Teil von euch selbst, indem ihr Leid ausblendet, das offenkundig ist.

Es geht in dieser Zeit, ihr Lieben, um eine neue Bewusstwerdung. Obwohl – wir haben dieses möglicherweise gerade missverständlich ausgedrückt – es geht um Bewusst"Sein". Um die Erinnerung an euch selbst, um das bewusste Hinschauen auf Situationen, um die Erkenntnis, dass jeder Schritt von euch eine Reaktion der Außenwelt nach sich zieht, auch wenn ihr sie vielleicht in den von euch gesetzten Situationen noch nicht erkennen könnt.

Und Ihr Lieben es geht beispielsweise auch darum, euch bewusst zu machen, dass wir z.B. sehr wenig mit denen von euch Menschen gemachten geflügelten Naturwesen zu tun haben, sondern dass es lediglich Energien gibt, die ineinander greifen, sich gegenseitig durchdringen und gemeinsam eins sind.

Gemeinsam sind wir Alles und Eins. Wir alle sind was wir sind:

Das große Gesamtbild, das ihr Natur nennt.

In aufrichtiger und wahrer Liebe verneigen wir uns vor unseren Brüdern und Schwestern.

Unser Dank gehört Euch.

Nachwort des Mediums

Es gibt keine abschließenden Worte zu diesem Buch, denn wir leben in einer Zeit, die mit jedem Tag neu beginnt und auf unserer Reise durch das Leben selbst, täglich neue Abenteuer für uns bereithält.

So verstehe ich auch die vorstehenden, mir übermittelten Botschaften lediglich als eine Aufforderung und Möglichkeit in jeder einzelnen Sekunde meine Sinne, Seele und Herz immer wieder neu vertrauensvoll für die Wunder und Abenteuer des Lebens zu öffnen.

Ich hoffe, dieses Buch konnte Unterstützung geben und ein wenig zur Besonderheit und Einzigartigkeit in dieser Zeit der Transformation der Erde beitragen.

Erläuterungen zu den verwendeten Fotos:

Auf meiner Reise durch Südengland und Schottland im Jahr 2018 besuchte ich Glastonbury, das ehemalige Avalon.

Die Chalice Well (Kelchquelle), sowie Glastonbury Abbey durfte ich immer noch als kraftspendende und energiereiche Orte wahrnehmen.

Doch durch den Transformationsprozess der Erde verschieben sich auch diese Energien und wandeln sich.

Kraftorte entstehen immer dort, wo wir als menschliche Wesen unsere Energien in Form von Liebe, Mitgefühl, Respekt und Dankbarkeit für die uns umgebende Natur, hintragen.

Deshalb liegt es meiner Meinung nach an uns und unserer eigenen Sichtweise, jeden Platz dieser Erde zu einem besonderen Ort zu machen, damit es diese Kraftorte – wie z.B. in Avalon – zukünftig über die ganze Erde verteilt und für jeden spürbar, in jeder Stadt, in jedem Dorf geben darf.

Der Well Head (der Quellkopf) zur Chalice Well (Kelchquelle) in Glastonbury auf Seite 13:

(Auszug aus „Glastonbury, spirituell reisen zu den Kraftorten Avalons" von Antara Reimann, erschienen im Schirner Verlag, Darmstadt im Mai 2016)

Im Garten der Chalice Well wird seit vielen Jahrhunderten das Feenreich von Gwyn ap Nudd von vielen Generationen wahrgenommen und der Einfluss des „Kleinen Volkes" ist überall anhand der überaus kraftvollen und ungewöhnlich großen und energiereichen Pflanzen und Orte spürbar.

Zu dieser Quelle am Fuße des Tors zu Glastonbury, besagt die Legende, soll Josef von Arimathäa den Heiligen Gral, den Kelch, der für das letzte Abendmahl verwendet wurde und mit dem das Blut Christi am Kreuz aufgefangen wurde, gebracht haben.

Die Quelle wird des nachts von dem im Bild dargestellten Eichenholzdeckel verschlossen, damit das Wasser vor Laub geschützt wird.

Er versinnbildlicht mit seinen zwei überlappenden Kreisen die Vesica Piscis, ein uraltes Symbol aus der Heiligen Geometrie, das die Verschmelzung von „Himmel und Erde", „Oben und Unten" oder auch „Geist und Materie" darstellen soll.

Die Schnittfläche stellt mit den sich überlappenden Kreisen das christliche Symbol des Fisches dar. Doch wird der Deckel um 90 Grad gedreht, lässt sich in der Schnittfläche das Zeichen der Göttin, die Vulva als Symbol für die Geburt und links und rechts davon der abnehmende und zunehmende Mond erkennen.

Steinplatte – vermutlich – keltischen Ursprungs in Glastonbury Abbey auf Seite 87:

Diese Steinplatte habe ich in Glastonbury Abbey fotografiert. Ich habe leider hierzu keinerlei Erläuterungen in Büchern oder auch nicht im Internet finden können.

Höchstwahrscheinlich – aber es ist nur eine Vermutung – wird sie keltischen Ursprungs sein.

Sollte ein Leser/eine Leserin für mich dieses Rätsel lösen können, wäre ich für eine Aufklärung von Herzen dankbar.

Weidengöttin im Apfelgarten von Glastonbury Abbey auf Seite 119:

Im Apfelgarten von Glastonbury Abbey steht als Symbol für die Große Göttin und als Symbol der Weiblichkeit, die Weidengöttin. Der Legende nach schenkt der Apfelbaum (heiliger Baum der Kelten) ewiges Leben und war für unsere keltischen Vorfahren ein Symbol der Fruchtbarkeit.